河南省科学技术厅2024年科技发展计划软科学研究项目：数字经济赋能河南乡村产业创新发展作用机制与提升策略研究（项目编号：242400410002）成果；2024年度河南省高等教育教学改革研究与实践项目：AIGC背景下高职农村电商直播复合型人才培养模式构建与实践（项目编号：2024SJGLX0872）阶段性成果。

数字经济赋能乡村产业创新发展路径研究

尤 影 著

中南大學出版社
www.csupress.com.cn
·长沙·

图书在版编目(CIP)数据

数字经济赋能乡村产业创新发展路径研究 / 尤影著.
—长沙: 中南大学出版社, 2024.5
ISBN 978-7-5487-5502-9

Ⅰ. ①数… Ⅱ. ①尤… Ⅲ. ①乡村—农业产业—产业发展—研究—中国 Ⅳ. ①F323

中国国家版本馆 CIP 数据核字(2023)第 145831 号

数字经济赋能乡村产业创新发展路径研究
SHUZI JINGJI FUNENG XIANGCUN CHANYE CHUANGXIN FAZHAN LUJING YANJIU

尤影 著

□出 版 人 林绵优
□责任编辑 陈应征
□责任印制 唐 曦
□出版发行 中南大学出版社
社址: 长沙市麓山南路 邮编: 410083
发行科电话: 0731-88876770 传真: 0731-88710482
□印 装 河北万卷印刷有限公司

□开 本 710 mm×1000 mm 1/16 □印张 13.25 □字数 176 千字
□版 次 2024 年 5 月第 1 版 □印次 2024 年 5 月第 1 次印刷
□书 号 ISBN 978-7-5487-5502-9
□定 价 78.00 元

前　言

乡村振兴战略的目的是通过发展乡村产业，促进乡村经济发展和改善乡村居民生活，实现城乡协调发展，推进中国特色社会主义事业。而数字经济是促进乡村产业振兴的重要驱动力。

本书探讨了数字经济与乡村产业创新发展的关系，分析了数字经济对乡村产业转型、优化和升级的作用，探讨了数字经济在农业全产业链数字化发展、农业跨产业融合发展、乡村新业态与新模式发展方面的应用实践，为推动乡村振兴、促进农业现代化提供了新的路径。

第一章对乡村振兴与数字经济做了一个整体概述，内容包括乡村振兴战略的提出与实施，乡村振兴的重中之重——产业振兴，数字经济的特征、兴起与发展，我国数字经济发展框架。

第二章通过探讨数字经济如何驱动乡村产业转型与优化、如何促进乡村产业融合发展以及如何催生乡村新兴产业论述了数字经济与乡村产业创新发展的逻辑关系。其中，数字技术的快速发展使得乡村产业不再局限于传统的农业产业，而是涵盖更广泛的领域。

第三章分析了数字经济全面赋能乡村产业创新发展的作用机制，内容包括政府提供政策保障、数字金融化解资金压力、数字技术促进降本增效、数字平台拓宽服务渠道、数字人才投身产业建设。

第四章从纵向赋能的角度，从研、产、供、销四方面深入探讨了农业全产业链数字化发展路径。

第五章从横向赋能的角度分析了农业跨产业融合发展路径，内容包括数字经济赋能乡村“农业 + 旅游”发展与实践、数字经济赋能乡村“农业 + 文化”发展与实践、数字经济赋能乡村“农业 + 教育”发展与实践、数字经济赋能乡村“农业 + 环保”发展与实践。

第六章从创新赋能的角度探讨了乡村新业态与新模式发展路径，内容包括乡村智慧文旅发展与建设、乡村公共服务数字化建设、乡村新零售模式应用实践。

第七章总结了本书的主要内容，对数字经济与乡村产业的未来发展进行了展望。

目　录

第一章　整体概述：乡村振兴与数字经济

第一节　乡村振兴战略的提出与实施

一、乡村振兴战略的提出背景

乡村承载着丰富的历史文化遗产，在经济社会发展中占据重要地位。当前，随着城镇化进程的加快，城市和乡村逐渐融合。这一趋势为乡村发展提供了更多的机遇，也给乡村发展带来了诸多挑战。比如，乡村道路、水电等基础设施仍需要完善，教育、医疗等方面的公共服务水平需要进一步提高。

在此背景下，转变发展道路、促进乡村发展成为当务之急。当前，国内市场对食品安全的要求不断提高，消费者对优质农产品的需求不断增长，同时农产品结构性矛盾日益凸显，如某些农产品滞销，某些农产品供不应求。这就要求我国转变农业发展思路，从以增产为主转向以提质为主。农业的科技创新力量也需要进一步增强，以不断推动农业技术革命性突破和农业产业格局调整，为农业的可持续发展提供科技支撑。

新时代，我国经济蓬勃发展，农业和乡村发展也需要紧密地结合新时代的发展要求。只有加速推进乡村振兴，才能使乡村适应新时代的发展需求，得到更好的发展。

综上所述，乡村振兴战略的提出是我国经济发展的需要。乡村是我国现代化建设的坚实支撑，发展乡村经济可以带动农业发展，提高乡村居民收入，促进城乡一体化发展。另外，乡村振兴战略的提出也是人民群众需求的体现。乡村居民是我国人口的重要组成部分，乡村发展程度与乡村居民生活水平直接相关，实施乡村振兴战略有助于提高他们的生活水平。

二、乡村振兴战略的正式提出与实施

（一）乡村振兴战略的正式提出

2017年10月18日，中国共产党第十九次全国代表大会在北京召开，习近平在会上首次公开提出乡村振兴战略。实施乡村振兴战略是我国全面推进现代化建设的重要举措，旨在加快推进农业农村现代化，提高乡村居民的生产生活水平，加强乡村文化建设，推动乡村治理体系和治理能力现代化，加快实现城乡一体化，打造美丽乡村，建设和谐社会。

（二）乡村振兴战略“三步走”

1. 乡村振兴战略“三步走”的具体安排

2018年2月4日，新华社受权发布中央一号文件，即《中共中央 国务院关于实施乡村振兴战略的意见》，其中确定了实施乡村振兴战略的目标任务，分为以下三步：

第一步：到2020年，乡村振兴取得重要进展，制度框架和政策体系基本形成。

这一阶段的重点是构建乡村振兴的制度框架和政策体系。在这一阶段，农业综合生产能力稳步提升，农业供给体系质量明显提高，农村一二三产业融合发展水平进一步提升；农民增收渠道进一步拓宽，城乡居民生活水平差距持续缩小；现行标准下农村贫困人口实现脱贫，贫困县全部摘帽，解决区域性整体贫困；农村基础设施建设深入推进，农村人居环境明显改善，美丽宜居乡村建设扎实推进；城乡基本公共服务均等化水平进一步提高，城乡融合发展体制机制初步建立；农村对人才吸引力逐步增强；农村生态环境明显好转，农业生态服务能力进一步提高；以党组织为核心的农村基层组织建设进一步加强，乡村治理体系进一步完善；党的农村工作领导体制机制进一步健全；各地区各部门推进乡村振兴的思路举措得以确立。

第二步：到 2035 年，乡村振兴取得决定性进展，农业农村现代化基本实现。

这一阶段是在已经确立的制度框架下，坚持我国特色社会主义乡村振兴道路。具体包括以下几方面：农业结构得到根本性改善，农民就业质量显著提高，相对贫困进一步缓解，共同富裕迈出坚实步伐；城乡基本公共服务均等化基本实现，城乡融合发展体制机制更加完善；乡风文明达到新高度，乡村治理体系更加完善；农村生态环境根本好转，美丽宜居乡村基本实现。

第三步：到 2050 年，乡村全面振兴，农业强、农村美、农民富全面实现。

这一阶段是乡村振兴的决胜阶段，所提出的是对于未来的规划与目标，需要各方共同努力，实现乡村人、自然、社会的良性互动与循环，使乡村实现从物质到精神的全面振兴。

2. 乡村振兴战略“三步走”的设计特点

乡村振兴战略“三步走”的设计有三个方面的特点，即开创性、融合性和系统性。

乡村振兴战略“三步走”的开创性体现为通过分步实现目标任务，落实乡村振兴战略，实现乡村的全面振兴，并推动农村与城市同步实现现代化。这一部署展现了我国解决农业农村发展问题的魄力，具有开创性意义。

乡村振兴战略“三步走”的融合性体现为通过实践“城乡融合发展”“农村一二三产业融合发展”“小农户和现代农业发展有机衔接”“百姓富、生态美有机统一”“自治、法治、德治相结合”“懂农业、爱农村、爱农民”等理念，分步实现乡村振兴，充分证明了在合理制度安排下各主体能够实现融合发展，展现了中华优秀传统文化中“中和位育”的智慧。

乡村振兴战略“三步走”的系统性体现为将农村的经济建设、政治建设、文化建设、社会建设、生态文明建设整合为“五位一体”的发展过程，并分为三个前后衔接的步骤，同时在实施中将三个步骤规划为一条环环相扣的路径，展现了从顶层设计到具体落实的系统性。

三、乡村振兴战略实施的国家支持

（一）政策规划

实施乡村振兴战略是中共中央高度重视的工作，也是全党、全国、全社会共同关注的大事。通过持续的规划，乡村振兴战略的推进路径逐渐清晰，具有中国特色的实施方式也越来越明确。

表 1–1 为中共中央、国务院关于实施乡村振兴战略的政策文件，主要展现了中共中央、国务院对于实施乡村振兴战略的具体措施和规划。

表 1–1　中共中央、国务院关于实施乡村振兴战略的政策文件

时　间	文件名称	主要内容
2018 年	《中共中央 国务院关于实施乡村振兴战略的意见》	以习近平新时代中国特色社会主义思想为指导，全面贯彻党的十九大精神，围绕实施乡村振兴战略讲意义、定思路、定任务、定政策、提要求，对当前和长远的农业农村工作做出总体规划，提出提升农业发展质量、推进乡村绿色发展、繁荣兴盛农村文化等一系列要求，是规划新时代乡村振兴的重要顶层设计
2018 年	《政府工作报告》	科学制定规划，健全城乡融合发展体制机制，依靠改革创新壮大乡村发展新动能。推进农业供给侧结构性改革；全面深化农村改革；推动农村各项事业全面发展
2018 年	《乡村振兴战略规划（2018—2022 年）》	对实施乡村振兴战略第一个五年的工作做出具体部署

续　表

时　间	文件名称	主要内容
2021 年	《中共中央 国务院关于全面推进乡村振兴加快农业农村现代化的意见》	民族要复兴，乡村必振兴。要坚持把解决好“三农”问题作为全党工作重中之重，把全面推进乡村振兴作为实现中华民族伟大复兴的一项重大任务，举全党全社会之力加快农业农村现代化，让广大农民过上更加美好的生活
2022 年	《中共中央 国务院关于做好 2022 年全面推进乡村振兴重点工作的意见》	牢牢守住保障国家粮食安全和不发生规模性返贫两条底线，突出年度性任务、针对性举措、实效性导向，充分发挥农村基层党组织领导作用，扎实有序做好乡村发展、乡村建设、乡村治理重点工作，推动乡村振兴取得新进展、农业农村现代化迈出新步伐
2022 年	《乡村建设行动实施方案》	到 2025 年，乡村建设取得实质性进展，农村人居环境持续改善，农村公共基础设施往村覆盖、往户延伸取得积极进展，农村基本公共服务水平稳步提升，农村精神文明建设显著加强，农民获得感、幸福感、安全感进一步增强
2022 年	《乡村振兴责任制实施办法》	就实行乡村振兴责任制的总体要求、落实乡村振兴部门责任、落实乡村振兴地方责任以及如何进行社会动员、考核监督、奖惩等方面做出规定，对全面推进乡村振兴落地见效具有重要意义
2023 年	《中共中央 国务院关于做好 2023 年全面推进乡村振兴重点工作的意见》	部署九大方面主要工作，包括抓紧抓好粮食和重要农产品稳产保供、加强农业基础设施建设、强化农业科技和装备支撑、巩固拓展脱贫攻坚成果、推动乡村产业高质量发展、拓宽农民增收致富渠道、扎实推进宜居宜业和美乡村建设、健全党组织领导的乡村治理体系、强化政策保障和体制机制创新

（二）立法保障

《中华人民共和国乡村振兴促进法》（以下简称《乡村振兴促进法》）

是我国第一部直接以“乡村振兴”命名的法律，于2021年6月1日起正式实施。

该法的制定旨在全面实施乡村振兴战略，促进农业全面升级、农村全面进步、农民全面发展，加快农业农村现代化，全面建设社会主义现代化国家。

《乡村振兴促进法》的出台标志着乡村振兴战略迈入有法可依、依法实施的新阶段，使乡村振兴的各项工作更加有序、规范和可持续。该法为各地制定相关政策和实施方案提供了明确的法律依据，同时对加强党对“三农”工作的领导起到了重要作用，强调了党在乡村振兴中的领导地位和核心作用。这有助于党和政府进一步加强对乡村振兴工作的领导，提高各级干部的责任感和使命感，推动乡村振兴战略的落实。

（三）财政投入

财政投入是乡村振兴的重要保障，有助于推动农村现代化建设，促进城乡协调发展，增强农村的发展后劲，提高农民的生活水平和幸福感。

2021年3月，为贯彻落实《中共中央 国务院关于实现巩固拓展脱贫攻坚成果同乡村振兴有效衔接的意见》精神，加强过渡期中央财政衔接推进乡村振兴补助资金（以下简称“衔接资金”）管理，中华人民共和国财政部（以下简称“财政部”）等6部门发布了《中央财政衔接推进乡村振兴补助资金管理办法》，中央财政安排衔接资金1 561亿元，用于支持各省（自治区、直辖市）巩固拓展脱贫攻坚成果同乡村振兴有效衔接，且该资金不得用于与乡村振兴无关的方面。

2022年，财政部公开表示，中央财政按照只增不减的原则，预算安排衔接推进乡村振兴补助资金1 650亿元，同口径较2021年增加84.76亿元，增长5.4%。[①]

① 曾金华．“真金白银”支撑乡村振兴[N]．经济日报，2023-03-02(7).

2023 年 3 月，第十四届全国人民代表大会第一次会议审查通过了国务院提出的《关于 2022 年中央和地方预算执行情况与 2023 中央和地方预算草案的报告》（以下简称“预算报告”），为进一步增加中央财政衔接推进乡村振兴补助资金规模，安排 1750 亿元、增加 100 亿元，重点向乡村振兴相对缓慢的地区倾斜。①

财政投入是乡村振兴的重要支撑，可以为乡村振兴提供必要的资金支持。乡村振兴需要大量的资金用于农村基础设施建设、农业发展、农村人居环境改善、农村人才培养和社会治理等方面，这些都需要政府的财政投入。如果没有充足的财政投入，乡村振兴就无法取得实质性进展。

财政投入还能够撬动社会资本投入乡村振兴，形成乡村振兴的多元化投资格局。政府的财政投入可以带动企业、社会组织等多方参与乡村振兴，共同为农村发展注入新动力。

另外，财政投入还能够促进资源优化配置，提升农村的综合生产力和竞争力，推动乡村经济发展。

第二节　乡村振兴的重中之重——产业振兴

一、乡村产业

乡村产业是根植于县域，以农业农村资源为依托，以农民为主体，以一二三产业融合发展为路径，地域特色鲜明、创新创业活跃、业态类型丰富、利益联结紧密的产业体系。以三大产业来划分，乡村产业包括

① 任妍 . 透视“2023 国家账本”系列解读五：补助资金 1750 亿元 财政力量全面助力推进乡村振兴 [EB/OL].（2023-4-8）[2023-05-30].http://finance.people.com.cn/n1/2023/0408/c1004-32659855.html.

农业、农业加工业、农村服务业三种类型。随着乡村振兴战略的深入实施，乡村产业的发展也将日益多元化。

（一）第一产业：农业

农业是乡村振兴的主导产业。乡村农业一般指广义上的农业，即“农林牧副渔”的统称。除单独介绍的“农林牧副渔”中的“农”外，本书其他内容所说农业都是广义上的农业。

1. 农业

此处的农业主要指种植业，是狭义的农业，其对象包括粮食作物、经济作物等。我国是一个农业大国，农业一直是国家经济发展的重要支柱之一。近年来，随着经济社会的发展，农业生产已经从传统的手工生产向规模化、标准化、智能化发展，大大提高了农业生产效率和农产品品质，为人们提供了丰富的食品资源。

2. 林业

林业对保护生态环境、调节气候、保障人们生活具有不可替代的作用。林业包括对森林资源的保护、培育和利用等方面。我国是一个拥有丰富森林资源的国家，随着绿化工程的不断推进，森林面积将进一步扩大，这为改善生态环境和促进经济发展提供了有力的支持。近年来，现代化的生产方式和技术的应用让林业不再是简单的伐木产业，而成了更注重生态保护和可持续发展的生态林业。生态林业是指根据经济学原理，充分利用当地的自然资源，在促进林产品发展的同时，为人类的生存和发展创造最佳环境状态的林业。生态林业可以实现森林资源保护与生态建设的有机结合，也可以为乡村旅游产业的发展提供资源和支持。

3. 畜牧业

畜牧业是指驯化和培育有经济价值的兽类、禽类等动物，利用其生长繁殖等功能以取得畜产品或役畜的生产部门。畜牧业对满足人们的饮食需求起到了至关重要的作用。我国拥有丰富的畜产品资源，为保障人民健康和促进经济发展提供了重要的支持。生产方式的发展和技术的进步使畜牧业从传统的散养、放养向规模化、现代化的养殖转变。同时，山地畜牧、草原畜牧等逐渐成为乡村旅游和生态农业的新兴业态。

4. 副业

副业又叫农副产业，是指生产单位所从事的主要生产活动以外的生产事业。副业不仅能够提高农民的收入和生活水平，还有助于农村经济的多元化发展，从而能够为农民提供更多的就业机会。

5. 渔业

渔业是指捕捞和养殖鱼类和其他水生动物及海藻类等水生植物以取得水产品的社会生产部门。随着经济社会的发展，渔业生产已经从传统的以野生捕捞为主向以水产养殖为主转变。这不仅能够提高水产品的品质和生产效率，还能够给农村经济发展带来新的机遇。我国是一个拥有丰富渔业资源的国家，为人民提供了丰富的食品。同时，淡水渔业、渔家乐等新兴业态不断涌现，已成为支撑乡村经济的重要力量。

（二）第二产业：农产品加工业

农产品加工业指以农、林、牧、渔产品及其加工品为原料进行的工业生产活动。农产品加工业是乡村产业链中的重要一环，它指的是对农产品进行简单加工或深加工，使其具有更高的附加值和市场竞争力。

农产品加工业涉及多个部门，行业众多，产品繁杂。我国在统计上与农产品加工业有关的有 12 个行业，即农副食品加工业、食品制造业、饮料制造业、烟草加工业、纺织业、服装及其他纤维制品制造业、皮革毛皮羽绒及其制品业、木材加工及竹藤棕草制品业、家具制造业、造纸及纸制品业、印刷业、橡胶制品业。

农副食品加工业主要包括谷物磨制、饲料加工、植物油加工、制糖、屠宰及肉类加工、水产品加工、蔬菜水果和坚果加工、其他农副食品加工。

食品制造业主要包括焙烤食品制造、糖果巧克力及蜜饯制造、方便食品制造、液体乳及乳制品制造、罐头制造、调味品、发酵制品制造、其他食品制造。

饮料制造业涉及对碳酸饮料、果汁饮料、茶饮料、功能饮料、酒类等的生产和加工。

烟草加工业涉及对烟草制品的生产和加工。

纺织业涉及对各类纺织品的生产和加工。

服装及其他纤维制品制造业涉及对服装、家纺等的设计、生产和加工。

皮革毛皮羽绒及其制品业涉及对皮革、毛皮、羽绒等原材料的加工及其制品生产。

木材加工及木竹藤棕草制品业涉及对木材的生产和加工，以及竹藤棕草制品的制作。

家具制造业涉及对木质、金属、塑料等材质的家具的设计、生产和加工。

造纸及纸制品业涉及对纸浆、纸张、纸板等的生产和加工，以及纸制品的制作，如包装纸、卫生纸等。

印刷业涉及对书籍、报刊、包装材料等的印刷和装订。

橡胶制品业涉及对天然橡胶和合成橡胶的生产与加工，以及橡胶制品的制作，如轮胎、胶管、胶鞋等。

（三）第三产业：农村服务业

农村服务业涉及面十分广泛，最具代表性的有乡村旅游业、文化创意产业、科技服务业等。

1. 乡村旅游业

乡村旅游业是乡村经济中发展潜力较大的产业之一。乡村旅游业可以通过挖掘当地的自然景观、历史文化、民俗风情等特色资源，吸引游客来到乡村，使其体验乡村生活、享受田园风光，从而推动乡村旅游业的发展。如今，乡村旅游已经向着智能化和数字化方向发展。例如，一些乡村旅游景区已经开始应用虚拟现实（virtual reality, VR）、增强现实（augmented reality, AR）等技术来提升游客的体验感，以吸引更多的游客。

2. 文化创意产业

文化创意产业是指以文化创意产品、文化创意服务和文化创意活动为核心，利用创新技术、创新设计、创新营销等手段，实现文化价值和经济价值有机结合的一类产业，具有较强的地域性和文化特色。

3. 科技服务业

科技服务业是指依托科学技术、专业知识和科学的分析研究方法以及经验、信息等要素向社会提供智力服务的产业。具有高智力、高附加值等特征。

科技服务业的核心是科技研发和技术服务。科技研发是科技服务业的核心动力，科技服务业通常基于地方特色和资源优势，通过科技创新、技术改造等手段，开展科技研发，以获得新的科技成果和产品。例如，在传统农业生产的基础上，可以结合先进的数字技术，研发出智能农机、农业物联网等科技产品，实现农业生产的智能化和自动化。技术服务是科技服务业的重要组成部分，科技服务业通常基于科技成果和技术优势，通过技术转移、技术咨询、技术培训等形式，为社会提供有价值的技术服务。例如，在数字经济的浪潮下，乡村企业需要大量的数字化转型服务和技术支持，科技服务业可以通过提供数字化转型服务、技术培训，帮助乡村企业提升数字化水平和竞争力。

科技服务业还可以通过知识产权保护、技术成果转化和商业化运作等方式，将科技成果转化为具有商业价值的产品和服务，帮助乡村企业实现转型升级。

二、产业振兴与其他振兴之间的关系

乡村振兴主要包括产业振兴、人才振兴、文化振兴、生态振兴和组织振兴五大振兴。它们之间相互联系、相互支撑，共同推动乡村振兴事业繁荣发展。只有全面发挥五大振兴的作用，才能实现乡村振兴的目标，为乡村发展提供持续、稳定的动力。

其中，产业振兴是五大振兴之首，是乡村振兴的经济基础，也是农民增收、乡村繁荣的关键。产业振兴涉及现代农业发展、产业结构优化、基础设施建设、创新创业人才培养等方面。产业振兴的核心是通过发展绿色安全、优质高效的乡村产业体系，为农民持续增收提供坚实的产业支撑。

（一）产业振兴与人才振兴

人才振兴是乡村振兴的核心力量。没有人才的支撑，乡村振兴就只是一句空话。要推进人才振兴，就要关注乡村教育、职业培训、人才引进、创新创业等方面，让更多人才愿意来、待得住、干得好、能出彩，确保人才数量、结构和质量满足乡村振兴的需要。

人才振兴可以为产业发展提供更多的专业人才和技术支持，为乡村振兴注入更多创新活力；产业振兴可以为人才提供更多的就业机会和发展空间，激发人才的创新创业精神。

（二）产业振兴与文化振兴

文化振兴是乡村振兴的精神源泉。文化振兴关乎乡村社会的和谐、稳定。弘扬乡村优秀传统文化、挖掘乡土文化内涵、传承优秀民间艺术、加强乡村文化基础设施建设、培养乡村文化人才、提高农民的文化素质是乡村文化振兴的重要任务。

文化振兴可以为产业振兴提供动力和支撑。乡村产业要想发展良好，就需要具备鲜明的地域文化特色，而文化振兴可以挖掘和传承当地的文化遗产和乡土文化，为乡村产业提供更多的发展资源和灵感。同时，产业振兴可以促进文化振兴，产业发展可以为当地的文化传承和创新提供更多的支持和保障。例如，发展特色民宿、农家乐等产业可以为当地的文化传承提供更多的支持和保障，也可以扩大当地乡村旅游的影响范围。

（三）产业振兴与生态振兴

生态振兴是乡村振兴的重要支撑。保护生态环境、优化生态系统、发展绿色经济是生态振兴的重要措施。生态振兴要坚持人与自然和谐共生，走绿色发展之路，让良好生态成为乡村振兴的支撑点。

乡村产业的发展需要良好的生态环境和丰富的资源，生态振兴可以为产业振兴提供环境保障和资源支撑。同时，产业振兴可以促进生态振兴，发展生态旅游、生态农业等产业有助于更好地保护和修复生态环境，为乡村的可持续发展提供更多的支持和保障。例如，政府可以通过发展有机农业、生态养殖等方式，保护土地资源和水资源，提高农业生产的质量和效益，同时保护和改善生态环境，实现生态保护和经济发展的双赢。

（四）产业振兴与组织振兴

组织振兴是乡村振兴战略的组织保障，关乎乡村治理体系的有效运行和乡村的可持续发展。组织振兴的核心任务是加强乡村基层党组织建设，提高乡村基层党组织的凝聚力、战斗力和组织力。

组织振兴可以为产业振兴提供更好的组织保障和服务支持。乡村产业发展需要更加高效、规范的农业社会化服务体系和农业合作组织，以提高产业的组织化程度和市场竞争力。同时，产业振兴可以促进组织振兴，进而提高乡村的社会治理和组织建设水平。例如，政府可以通过发展农民专业合作社等方式，实现农民的集体化经营，为农民提供组织化服务，提高农民的生产效益和组织能力。

三、乡村产业振兴的重要作用

（一）增加就业机会和收入

拓宽农民增收渠道、完善农村民生保障是乡村振兴战略的重要抓手。产业发展与就业形势紧密相关，稳定产业是稳定增收的重要环节。

在乡村产业发展过程中，农民可以通过参与种植、养殖、加工、销售等环节，获得更多的就业机会和收入。同时，乡村产业发展可以带动当地的经济发展，从而有助于增加税收、改善乡村基础设施、提高乡村居民的生活质量。这种发展也能够吸引更多的人才流向乡村，促进乡村社会的发展和进步。

例如，发展乡村旅游可以促进当地的餐饮、住宿、娱乐等服务业的发展，增加就业机会；而发展农产品加工业可以促进当地农产品品牌化和市场化，提高农产品的附加值，扩大农产品的利润空间，从而为乡村居民带来更多的收入。同时，政府可以通过政策支持和资金扶持，鼓励乡村产业发展，为乡村居民提供更好的发展环境和更多的就业机会。

总之，要推进乡村振兴，就要把带动乡村居民就业增收作为乡村产业发展的基本导向，围绕拓展农业多种功能、挖掘乡村多元价值做文章，把就业机会和产业链增值收益更多地留给乡村居民。

（二）推动乡村产业转型升级

传统的农业经济已经难以满足人民群众日益增长的物质需求，因此政府需要通过产业振兴来推动乡村产业转型升级，开发新的经济增长点，提高农业的附加值。

1. 产业结构升级

传统的农业经济以种植业、养殖业为主，主要生产粮食和畜牧产品，这种经济模式已经不能满足人们的需求。乡村需要逐步发展特色农业、有机农业、精准农业等新型农业产业，以提高农产品的附加值和竞争力，推进乡村振兴。

特色农业是指在一定区域内，根据当地自然条件、历史文化、生产技术等，生产具有一定特色的农产品，并将其作为农业支柱产业的农业发展方式。特色农业可以通过品牌建设、市场营销、农产品加工等方式推动乡村产业转型升级。

有机农业是指遵照一定的有机农业生产标准，在生产中不采用基因工程获得的生物及其产物，不使用化学合成的农药、化肥、生长调节剂、饲料添加剂等物质，遵循自然规律和生态学原理，协调种植业和养殖业的平衡，采用一系列可持续发展的农业技术以维持持续稳定的农业生产体系的一种农业生产方式。发展有机农业可以提高农产品的附加值和市场竞争力，有助于保护生态环境，从而能够推动乡村经济可持续发展。

精准农业是指现代化农业中，一种精确实施生产的农业技术。将遥感技术、地理信息系统、全球定位系统、计算机技术、自动化技术、通信和网络技术，结合农学、地学、生态学规律和模式，根据田间变异实况，对农业生产过程中的机械化作业，实施精确定位、定量操作。其目标是生产洁净、无公害的农产品，精确控制每一块农田的播种量、化肥和农药的施用量，在提高作物产量的同时，充分保证农业资源科学地综合开发利用，减少和防止对环境和生态的污染和破坏。

2.服务业发展

随着城乡差距的缩小，乡村居民对生活品质的要求越来越高。为了满足乡村居民的需求，乡村产业振兴需要逐步发展服务业。目前，乡村服务业还比较薄弱，需要进一步发展乡村旅游业、乡村餐饮业等服务业，提高乡村居民的生活品质。

乡村旅游业是指以乡村自然、历史、文化和民俗为资源，以农家乐、民宿、农庄等为主要形式，提供旅游休闲活动的一种服务业。乡村旅游业的发展可以提高乡村居民的收入，促进乡村经济的增长。

乡村餐饮业是指以乡村自然风光、人文历史、地方特色食品等为主要资源，为游客提供餐饮服务的一种服务业。乡村餐饮业的发展可以促进当地食品加工业的发展，提高乡村居民的收入与生活品质。

（三）促进城乡融合发展

城乡经济的差距是制约我国经济发展的重要因素之一。发展乡村产业有利于打破城乡经济发展的壁垒，实现城乡互利共赢。

1. 乡村产业的发展可以促进城市和乡村之间的经济互动和融合

乡村产业振兴可以通过发展乡村特色产业、乡村电商等多种方式实现，有助于促进城市和乡村之间的经济互动和融合。例如，安徽省黄山市利用电商平台销售土特产，打通了城市和乡村之间的物流和信息流，将黄山地区的土特产推向全国，增加了当地的乡村居民的收入，促进了城市和乡村之间的经济互动和融合。

2. 乡村产业的发展可以促进城市和乡村之间的资源共享

乡村拥有丰富的自然资源和文化资源，城市则拥有先进的生产技术和市场渠道。城市和乡村可以通过合作共赢的方式，实现资源共享，促进城乡经济协同发展。例如，辽宁省大连市的庄河蓝莓通过在北京亮相全国名特优新农产品专项推介活动，扩大了市场，实现了资源共享和互利合作。

3. 乡村产业的发展可以促进城乡经济协调发展

城市和乡村是相互依存的，城市需要乡村提供资源，乡村需要城市提供技术和市场。乡村产业的发展可以促进城乡经济协调发展，实现城乡经济的互补。例如，湖南省益阳市以电子商务助力乡村振兴，带动了当地的经济发展，同时为城市消费者提供了更加便捷的购物渠道，促进了城乡经济的协调发展。

4. 乡村产业的发展可以促进城乡人口的流动和人才的共享

乡村产业的发展可以创造更多的就业机会和创业机会，吸引城市高素质人才。同时，城市可以通过为乡村提供技术人才和管理人才，实现城乡人才的共享。例如，江苏省南京市和扬州市的一些乡村通过引进技术人才和管理人才，促进了当地乡村产业的升级和发展，让城乡人才双向流动更加顺畅。

（四）促进乡村文化的保护与传承

乡村拥有丰富的乡村文化。政府可以通过发展乡村特色产业，挖掘和保护乡村的文化遗产，推广乡村文化，增强乡村的软实力。例如，在广东省鹤山市，当地政府通过发展木雕产业，保护了当地的传统木雕技艺，同时将当地的木雕产品推向全国市场，增加了当地的乡村居民的收入，实现了文化遗产保护和经济发展的双赢。

第三节　数字经济的特征、兴起与发展

一、数字经济的特征

数字经济是指利用数字技术对经济活动进行优化和升级的经济形态。其核心是数字化，即借助数字技术，通过数据化、智能化和服务化等手段将传统经济领域内的各种生产、流通、消费、管理等活动进行重构，从而提高经济效率，优化产业结构和推动经济持续发展。数字经济具有以下特征。

（一）数据化

数字经济的核心是数据，数据是数字经济的生命和源泉。企业对数据进行收集、存储、处理和分析，可以更好地理解和预测市场需求，优化产品设计和生产流程，提高经济效益。

（二）智能化

智能化是数字经济的特征之一。企业应用人工智能、机器学习等新兴技术，可以实现智能制造、智能交通、智慧城市等领域的创新，提高生产效率。

（三）服务化

数字经济将越来越多的传统产业变成了服务产业。数字技术的应用使得服务的生产、流通和消费变得更加便捷和高效。数字经济能满足人们的物质需求，更重要的是能满足人们的精神需求。

二、数字经济的兴起与发展历程

（一）数字经济的兴起

人类社会经历了漫长的发展历程，科技不断进步，经济形态也不断发生变化。从古代的农业经济到现代的数字经济，经济形态的变化影响着整个社会的生产方式、生活方式和治理方式。

农业经济是人类历史上最早的经济形态，其生产要素主要是土地和劳动力。农业技术是农业经济的发展动力，农耕工具和牲畜驯化则是其主要的载体形态。在农业经济时期，社会生产力和人们的生活水平都较低，社会组织形式也比较简单，以家庭为单位、自给自足的生产方式占主导。

随着科技的进步和工业革命的到来，工业经济开始崛起。工业经济以工业技术为核心驱动力，以机器和工厂为载体形态。工业经济的崛起使得生产力大幅度提升，生产效率大幅度提高。这也为现代工业化的发展奠定了基础。

随着互联网的出现和数字技术的快速发展，数字经济逐渐崛起。数字经济的生产要素比工业经济更为丰富，不仅包括土地、劳动力等，还包括信息数据。数字经济以数字技术为核心驱动力，以现代信息网络为载体形态。数字经济的出现加快了社会信息化的进程。数字经济时代，人们生产、消费、交流的方式都发生了较大的变化，全球经济也获得了快速发展。

在了解了数字经济与农业经济、工业经济的不同后，即可追溯数字经济的起源，即数字技术的开端。数字技术是在网络技术的基础上发展起来的，因此可以说数字经济是在互联网的基础上发展演变而成的一种新经济形态。

1946 年，美国研制出世界上第一台通用计算机埃尼阿克（Electronic Numerical Integrator And Computer, ENIAC），这开创了计算机技术的新纪元，为数字技术和数字经济的发展奠定了基础。随着数字技术的发展和互联网的普及，数字经济逐渐崛起。美国经济学家唐·塔斯考特（Don Tapscott）最早提出了数字经济这一概念。随着数字经济的发展，各国逐渐意识到数字经济的重要性，并出台了相关政策，以促进数字经济有序发展。联合国、世界经济论坛、亚太经济合作组织等国际组织也采取了一系列举措，共同助力数字经济的发展。

随着数字经济的强势兴起，数字技术的应用越来越广泛，已经渗透各行各业，包括金融、电子商务、互联网媒体、智能制造、智慧城市等。数字经济的发展也催生了一批新兴产业，为全球经济发展注入了新的动力和活力，也给人类社会的发展带来了机遇和挑战。

（二）数字经济的发展历程

数字经济的发展大致可以分为三个阶段，如图 1–1 所示。

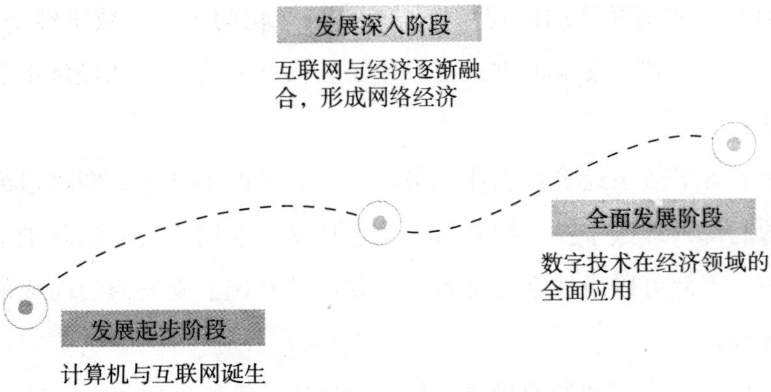

图 1–1　数字经济的发展历程

1. 发展起步阶段

数字经济源于计算机和互联网的诞生与发展。1946 年，第一台通用电子计算机埃尼阿克诞生，随后计算机硬件与软件不断研发和更新，为数字技术的应用提供了强有力的支撑。1969 年，美国国防部高级研究计划署建立了阿帕网，这是互联网的前身。互联网指由无数个子网组成的全球信息汇总网络，每个子网中都有若干台计算机。20 世纪 90 年代，浏览器和万维网的应用拓展了互联网的功能和应用范围，随后互联网逐渐发展成熟，成为全球范围内重要的信息和数据传输平台。而互联网的不断创新和发展为数字经济的蓬勃发展提供了强有力的技术支撑。

总之，计算机的普及和互联网的快速发展为数字经济的崛起奠定了坚实的基础。各国也纷纷意识到了互联网的重要性，并开始积极推进相关技术应用。这为数字经济的发展提供了重要的保障。

2. 发展深入阶段

进入 21 世纪，数字经济在互联网与经济的逐渐融合中实现了深入发展。网络经济是数字经济的前身。网络经济是在计算机技术发展的基础上，随着互联网技术的广泛应用而形成的一种新的经济形态。计算机体积的缩小使得个人计算机逐渐普及。网络的应用和计算机软硬件的发展促进了互联网与经济的融合。

个人计算机互联网时代，网络浏览器的开发、网络硬件的研发等都出现了突破性的创新，为数字经济的发展奠定了基础。然而，由于个人计算机存储规模、网速等客观条件的限制，很多商业模式在这一时期得不到有效的技术支撑。

移动互联网时代的到来改变了这一局面。移动通信技术和智能手机的研发与应用使网络经济在移动互联网上得到了进一步的发展。智能手机的应用和普及使得互联网企业平台化倾向日益明显。各类产业也在移动互联网的支持下掀起数字化转型浪潮。以移动互联网为基础的各项数字技术不断被研发出来，开始与经济融合，进一步推动了数字经济的发展。

3. 全面发展阶段

2016 年之后，伴随半导体制造工艺的创新，大数据、云计算、人工智能、区块链等新一代数字技术逐渐深入经济社会的各领域，影响了教育、医疗、金融、交通等领域的发展，实现了多种技术的交叉应用，重塑了各行各业的发展模式，加快了产业数字化转型，促使工业互联网、智慧农业、数字贸易等新业态出现。

由于数字技术在经济领域的全面应用，数字经济进入全面发展阶段，数字经济与实体经济之间的融合也越来越深入。数字经济与实体经济之间的全面融合表现在以下几个方面。

首先，数字技术在各个领域和行业的应用越来越广泛，加强了数字经济和实体经济之间的联系。例如，在制造业领域，数字化生产和智能制造已经成为制造业发展的主要趋势；在农业领域，数字农业和智慧农业的应用不断拓展，推动了农业生产的智能化和高效化。

其次，数字经济的发展需要实体经济的支持。实体经济的需求和发展能够带动数字经济的发展。例如，在电子商务领域，实体经济的商品需求促进了电子商务的发展和壮大，推动了数字经济和实体经济的深度融合；在智能制造领域，实体经济的需求和生产需要推动了数字技术的应用和升级，也推动了数字经济和实体经济的深度融合。

最后，数字经济和实体经济的融合促进了经济社会的全面发展。数字经济的应用和发展可以促进实体经济转型升级，实体经济的需求和发展也可以促进数字经济的发展。数字经济和实体经济的融合使数字经济和实体经济形成了互惠互利的发展模式，进而推动了经济社会的全面发展。

第四节　我国数字经济发展框架

我国数字经济规模居于世界前列，数字产业化、产业数字化、数字化治理、数据价值化共同构成了我国数字经济发展的主要框架。这是根据数字经济的发展趋势和实践经验总结而来的。

一、数字产业化

数字产业化是信息技术产业的重要组成部分，主要包括通信设备制造业、通信服务业、计算机及相关设备制造业等几大类别。这些产业以其高速的发展速度、强大的带动能力和较高的科技含量成为数字经济发展的先导产业，为数字经济的高质量发展提供了坚实的技术基础、产品支撑和服务保障。

首先，通信设备制造业是数字产业化的重要组成部分。这一领域包括各种通信设备的制造和生产，如手机、电视、路由器、服务器等。其中，智能手机、5G 通信设备和云计算设备等产品的快速普及和广泛应用为数字产业化注入了新的发展动力。同时，数字产业化不仅是传统制造业的重要组成部分，还是新兴产业的催化器，为新技术的研发和应用提供了有力支持。

其次，通信服务业是数字产业化的重要业务领域之一。随着移动互联网的普及和发展，人们对高速、稳定、安全的通信服务的需求不断增长。我国的通信服务业在发展过程中走过了从2G、3G到4G再到5G的历程，5G通信技术的应用和发展为数字产业化的快速发展注入了新动力。同时，随着5G网络建设和智能终端的广泛应用，物联网、车联网、智慧城市等技术的发展给通信服务业带来了更广阔的发展空间。

最后，计算机及相关设备制造业也是数字产业化的重要领域之一。计算机、智能穿戴设备等产品的发展使得数字经济和人们的生活和工作的联系更加紧密，给人们提供了更为便捷和高效的生活方式。

二、产业数字化

产业数字化强调在数字技术的支持下，将传统产业的管理、服务、营销等方面数字化，提高企业经营与管理的效率。产业数字化包括数字化生产、数字化营销、数字化服务等多个方面。以数字化营销为例，数字化营销是基于数字技术开展的营销活动，包括网络广告宣传、社交媒体营销等。通过数字化营销，企业可以精准锁定目标客户群体，提高市场竞争力和品牌影响力，实现营销效果的最大化。

产业数字化是数字经济的主要支撑和驱动力之一，它能为企业带来更高的效率、更高的质量、更低的成本，并能为客户提供更好的体验，具有重要的战略意义。

首先，产业数字化能够带来更高的效率。数字技术的应用能够让生产过程更加高效，实现生产过程的智能化和自动化，降低生产过程中的误差率和停机率，提高产品的生产效率。

其次，产业数字化能够带来更高的质量。数字技术的应用可以让企业对产品生产过程中的各环节进行实时监测和数据采集，通过数据分析找出生产过程中存在的问题，及时进行调整和改进，提高产品的质量，保证产品符合市场需求。

再次，产业数字化能够带来更低的成本。数字技术的应用能够减少不必要的人力成本和能源消耗，降低生产成本。

最后，产业数字化能够为客户提供更好的体验。数字技术的应用能够让企业将产品的设计、生产、销售、售后等环节进行数字化升级，为客户提供更加个性化、定制化、智能化、快捷化的服务和产品，提升客户的满意度和忠诚度，促进企业可持续发展。

三、数字化治理

数字化治理强调在数字技术的支持下，将政府治理、公共服务等方面数字化，提高政府服务水平。它是数字经济发展的保障，也是促进数字经济高质量发展、数字化转型升级的重要支撑。

数字政府是数字化治理的重要组成部分，其建设可以提高政府决策的科学性、高效性，更好地满足公众需求和市场需求。数字政府建设的关键是信息化和数据化，强调通过对数字技术的应用实现政府机构内部管理的信息化、行政服务的数字化和政务信息的共享化，为公众提供高效、便捷、优质的公共服务。同时，数字政府的建设推动了数字化经济的发展，成为数字经济的重要载体之一。

数字化公共服务是数字化治理中能直接改善民生的领域。数字化公共服务可以提高政府部门的工作效率，使政府提供更为优质的公共服务，从而满足公众对公共服务的多元化需求。例如，数字化政务服务平台让公众在家中就能轻松办理各种政务事项，提高了服务效率和公众的满意度。

智慧城市建设也是数字化治理的重要内容。它要求以城市发展为主要目标，以数字技术为支撑，实现城市治理模式的转型，达到建设智慧城市的目的。智慧城市建设主要通过对数据资源的整合和应用实现，强调通过数字技术的应用实现城市基础设施、公共服务、环境保护、智慧交通等方面的信息化和智能化。

四、数据价值化

数据价值化是数字经济发展的关键所在。数据时代，数据已经成为企业的重要资产。通过充分挖掘和利用数据价值，企业可以实现创新、提高效率和增强竞争力。

数据价值化的实现需要从以下几个方面入手。

（一）数据收集和整合

第一步是收集和整合数据。数据可以来自企业内部，也可以来自外部的供应商、客户、社交媒体等多个渠道。企业需要对收集到的数据进行整合，以便后续的分析。

（二）数据预处理

数据中常常包含着各种异常值，企业需要对数据进行预处理，以提高数据的质量和准确性。数据预处理的过程包括数据清洗、数据集成、数据变换、数据规约等。

（三）数据分析和挖掘

数据价值化的核心是数据分析和挖掘。数据分析和挖掘包括统计分析、数据挖掘、机器学习、人工智能等方法和技术。

（四）数据可视化和展现

数据分析和挖掘的结果需要以可视化的形式（图、表、仪表盘等）呈现出来，以便用户理解和应用。

（五）数据应用和推广

数据分析和挖掘的结果需要得到应用和推广，以帮助企业优化决策、提高生产效率和增强竞争力。企业需要结合实际业务场景，有针对性地对数据进行应用和推广。

第二章　逻辑关系：数字经济与乡村产业创新发展

第一节　数字经济驱动乡村产业转型与优化

一、数字经济驱动乡村产业链数字化转型

数字经济时代，乡村各产业都展开了数字化转型，这里以农业产业链数字化转型为例进行论述。农业是乡村产业的重要组成部分，其数字化转型对乡村产业的发展至关重要。

数字经济驱动农业产业链数字化转型要求企业运用物联网、大数据、云计算、人工智能等技术对农业生产过程进行数字化升级，从而为农业生产提供精细化管理和智能化决策支持。

（一）数字化农业生产

数字化农业生产可以实现农业生产的智能化，通过智能农业机器人、自动化种植设备等，实现对农业生产过程的自动化控制和管理。数字化农业生产包括对农作物的自动化播种、自动化除草、自动化收割等操作，可以有效地降低人力成本和劳动强度，提高生产效率和农产品的质量。

例如，农业物联网是一种基于物联网技术的智能农业管理工具，农民运用农业物联网，通过无线传感器、数据采集和分析系统，可以实现对农业生产全过程的实时监测和管理，包括对土壤温度和水分、气候、农作物生长情况等各种信息的实时监测和数据分析。农民可以通过智能手机或电脑，随时随地查看耕地的各项数据，从而识别农作物生长过程中的问题，及时调整农业生产措施，促进农作物生长。

（二）农产品加工深入化与多元化

农产品加工旨在生产出更高附加值的农产品，以提升农产品的市场竞争力和经济效益。农产品加工可以扩大乡村经济的发展空间，是农业

产业结构调整和乡村产业升级的重要方向之一。数字经济可以为农产品加工提供支持，实现农产品加工的智能化和信息化，提高农产品的品质和附加值。

一方面，数字技术支持农产品加工的深入化发展。企业可以利用数字技术，提高农产品加工的效率。例如，物联网在猪肉加工中的应用。企业利用物联网，可以实现对猪肉加工过程的实时监测和控制，提高猪肉产品的品质。又如，大数据技术在水果加工中的应用。企业利用大数据技术，可以对水果的生产、销售等过程进行数据分析，优化产品设计和服务，提高水果的市场竞争力和市场占有率。再如，人工智能在蔬菜加工中的应用。企业利用人工智能，可以对蔬菜的生长进行智能化管理和控制，提高蔬菜的产量和质量。

另一方面，数字经济赋能多元化的农产品加工业态。数字经济时代，消费者需求呈现多元化发展趋势。这就要求企业细分消费者需求，深入加工农产品，生产出多种不同的产品，以满足消费者的不同需求。例如，企业通过农产品加工，可以生产各种果酱、果脯、饮料、调味品等，满足消费者的需求。

（三）农业管理精准化

数字经济时代，数字技术为农业管理精准化带来了可能。以林业管理为例，林业部门将数字技术应用于林业管理过程中，可以保障林业生产和经营的安全、稳定，提高林业的生产效率，减少损失。

1. 林区环境监测

传统的林区环境监测需要人工采样和记录，不仅费时费力，还存在一定的误差，而数字技术可以实现对林区环境的自动化监测和数据记录。例如，利用遥感技术和传感器可以实现对林区空气、土壤、气候等的实时监测和记录。这些数据可以为林业生产和管理提供科学依据，优化林区管理和生产决策，提高林业资源利用效率。

2. 森林资源调查

传统的森林资源调查需要人工勘查和记录，利用数字技术则可以对林木种类、密度等信息进行自动化记录和分析，从而优化林区资源管理和生产决策。例如，利用遥感技术对森林资源进行调查和分析，进而实现对森林资源的科学规划和管理。

3. 火险监测

林区火险是林业生产和管理中的一大威胁，利用数字技术可以实时监测林区的温度、湿度、风速等，预测火险的发生概率和危险等级，并及时采取应对措施从而保护林业资源。

二、数字经济优化乡村产品供应链

（一）数字化采购

数字经济时代，数字技术可以为乡村企业的采购管理提供数字化支持。乡村企业可以利用数字技术，将采购业务信息进行数字化处理，从而更加方便地掌握采购信息和物流状况，提高采购效率和管理水平。

1. 供应商信息数字化管理

通过数字化平台，企业可以对供应商基本信息、产品信息、供货情况等进行数字化管理。这样，企业可以深入了解供应商，从而对供应商进行评估和选择。

2. 采购订单在线处理

在数字化平台上，企业可以对采购订单进行在线填写、审核、审批等数字化处理，从而可以更加方便地对采购订单进行管理和跟踪，提高采购效率。

3. 物流跟踪

数字化平台可以实时监控、跟踪并展示物流信息，如对货物的实时位置、轨迹线路、预计到达时间等信息进行数字化管理。这样，企业可以及时发现和解决物流问题，提高物流效率。

（二）数字化销售

数字经济时代，通过乡村电商平台，乡村企业可以在线上销售产品，为消费者提供更加便捷的购物体验。

一方面，乡村电商平台可以为消费者提供更加多样化和精准的商品选择。消费者可以通过在线平台浏览和选择商品，了解商品的详细信息和来源，并通过在线支付购买商品。通过这样的方式，消费者不仅可以购买到高质量的商品，还可以享受到更加方便、快捷和安全的购物体验。

另一方面，乡村电商平台为乡村企业的产品拓展了销售渠道，提高了销售效率和市场占有率。传统的销售渠道往往存在信息不对称、地理限制、中间环节过多等问题，通过乡村电商平台，乡村企业可以充分利用互联网的优势，拓展销售渠道、扩大市场份额。

（三）数字化配送

数字技术有助于乡村企业对产品配送进行智能化管理，包括对物流信息的实时追踪和监控、配送路线优化、配送服务个性化和定制化等。这可以有效提高产品的配送效率，为消费者提供更加高效和便捷的物流服务。

1. 物流信息的实时追踪和监控

通过物联网和传感器等，乡村企业可以实时监测配送过程中产品的位置、状态等信息，消费者也可以利用在线平台和移动应用程序对已购买产品的物流信息进行查询。这不仅可以提高产品配送过程的可视化效果和透明度，还可以降低产品配送过程中异常情况发生的可能性，保证物流服务的及时性和安全性。例如，对于一些需要在运输过程中保持特定温度或湿度的货物，数字化物流管理可以实时监测和记录温度或湿度等信息，并及时进行反馈，保证货物的质量和安全。

2. 配送路线优化

利用大数据分析技术，企业可以分析物流信息和消费者需求，优化配送路线和配送策略，从而提高物流效率。例如，在产品配送过程中，企业可以利用大数据分析技术分析交通状况、货物量、天气等因素，选择最优的配送路线和时间，从而提高配送效率和准确率。

3. 配送服务个性化和定制化

通过大数据技术和人工智能，物流企业可以根据客户的需求、偏好等信息，为客户提供个性化和定制化的物流服务，如特定时间段配送、特殊包装要求等。这些个性化和定制化的服务可以提高客户的满意度和忠诚度，从而提升乡村产品的品牌价值和竞争力。

（四）产品溯源

数字经济时代，企业通过数字技术对产品的生产过程和流通过程进行信息化和数据化管理，可以对实现产品的全程追溯，包括对生产、加工、运输、销售等环节的追溯，从而提高产品的质量提升消费者对产品的认可度。

数字化产品追溯系统可以有效地记录产品的生产过程和流通过程，避免了信息丢失，提高了产品的可信度，同时促进了产品的品牌化，提升了产品的附加值和市场竞争力。

三、数字经济推动乡村产品品牌化

数字经济为乡村产品实现品牌化提供了支持。乡村企业可以通过数字经济建立自己的品牌，展示产品的特色和优势，吸引更多的消费者。

（一）利用互联网平台推广产品

互联网平台是数字经济时代乡村企业推广产品的重要平台之一。通过互联网平台，乡村企业可以将产品推向全国甚至全球的消费市场。乡村企业可以在淘宝、京东等电商平台上建立自己的店铺，通过设计店铺形象、介绍产品、展示消费者评价等，树立自己的品牌形象，吸引更多消费者关注。另外，互联网平台提供了多种广告投放方式，如搜索引擎广告、社交媒体广告、电子邮件广告等，乡村企业可以针对不同的受众群体在互联网平台采取不同方式进行广告推送，实现更精准的品牌营销。

（二）挖掘独特的产品特色

乡村拥有独特的文化，乡村企业可以利用本地的历史文化、地理文化等资源，设计具有地方特色的产品，如手工艺品等。同时，精美的包装、个性化的产品标识等可以为产品增加美感，提升企业的品牌形象。

（三）数据分析为品牌发展提供支持

数据分析技术可以为乡村企业的品牌发展提供有力的支持。

1. 数据分析可以为乡村企业提供市场需求分析

通过数据分析，乡村企业可以了解市场需求，为品牌的建立和发展做好充分准备。乡村企业可以从消费者的行为、偏好等多方面入手，通过收集和分析大量数据，了解市场的趋势和消费者的需求。此外，通过数据分析，乡村企业还可以了解竞争对手的市场策略和市场份额，并据此优化自身产品，提高产品的市场占有率。

2. 数据分析可以为乡村企业提供产品设计优化方向

通过数据分析，乡村企业可以深入了解消费者对产品的评价，然后利用数据模型总结出产品的不足之处和消费者对产品改进的期望，获得产品设计优化方向。

3. 数据分析可以为乡村企业提供产品创新思路

通过数据分析，乡村企业可以发现市场需求的变化趋势，预测未来市场的走向，并根据数据分析结果制定相应的品牌和产品策略。此外，数据分析还可以帮助乡村企业了解新的市场机会和潜在的客户群体，拓展新的市场领域，实现品牌的创新和发展。

第二节　数字经济促进乡村三大产业融合发展

一、数字经济时代乡村三大产业融合发展的特征

数字经济时代，乡村三大产业（第一产业、第二产业、第三产业）之间呈现融合发展趋势。乡村一二三产业融合发展是推进乡村振兴战略的重要基础，强调以农业为基本依托，通过产业链延伸、产业融合、技术渗透、体制创新等方式，将资本、技术和资源要素进行跨界集约化配置，构建现代农业产业体系，加快转变农业发展方式，进而实现农业、农产品加工业、乡村服务业融合发展。

数字经济时代乡村三大产业融合发展具有四大特征，即产业链完整、功能多样、业态丰富、利益方联系紧密（图 2–1）。

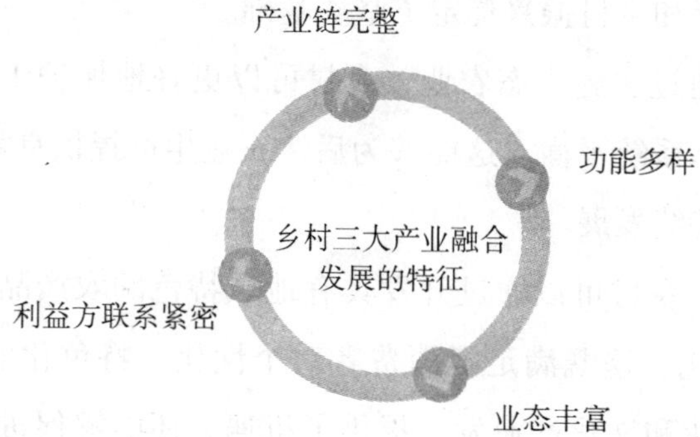

图 2–1　数字经济时代乡村三大产业融合发展的特征

（一）产业链完整

数字经济时代，乡村一二三产业融合发展的特征之一便是产业链完整。乡村企业可以将农业生产、农产品加工、农产品销售连接起来，组建完整的产业发展平台，实现从田间到餐桌的高效管理。而数字技术的

应用有助于提高农产品的质量，降低生产成本，提高农业产值。

数字技术在农业生产中的应用使得农业生产更加智能化、精细化。利用大数据、物联网、无人机等先进技术，农民可以实时监测田间土壤、气候等环境变化，精确掌握农作物的生长状况，提高农业生产效率。

在农产品加工环节，数字技术的应用能够提高加工效率。乡村企业可利用自动化技术、机器人技术，大幅度提高加工效率，降低劳动力成本。

在农产品销售环节，电商平台成了乡村企业销售农产品的首选。乡村企业可以通过网络销售渠道直接接触消费者，降低中间环节成本，提高农产品的销售效益。

（二）功能多样

数字经济时代乡村三大产业融合发展的特征之二是功能多样。通过生态化、特色化的发展，农业在生态保护、特色产业等方面的功能外延，为乡村经济发展和乡村振兴奠定了坚实基础。

一方面，通过实施生态农业，乡村可以更好地保护土壤、水资源和生物，维护生态系统平衡。这能够为后续农业生产提供良好的生态基础，确保农业的可持续发展。

另一方面，乡村可以通过开发具有地域特色的农产品，传承和保护当地的农耕文化。这既满足了消费者对个性化、特色化农产品的需求，又为乡村旅游业和文化产业发展提供了机遇，还能够促进乡村经济多元化发展，提高乡村居民收入。

（三）业态丰富

数字经济时代，乡村可以通过建设特色旅游村镇，开展现代化产、购、销活动，丰富乡村产业业态，进一步推动乡村经济发展。

第一，乡村可以充分利用自身的地理优势、历史文化资源和特色产业，发展乡村旅游业。例如，乡村可以通过线上旅游平台和社交媒体进行宣传，吸引游客。发展乡村旅游业不仅可以增加农民收入，还有助于提升乡村的知名度。

第二，借助电商平台，乡村可以实现农产品从生产、加工、物流到销售的一体化。乡村居民可以通过网络直接将农产品销售给消费者，缩短产销链，降低中间成本。这种模式有助于提高农产品的附加值和乡村居民的收入，还能满足消费者对优质农产品的需求。

第三，乡村可以根据自身资源优势发展特色产业，如地方特色食品加工、手工艺品制作、现代农艺体验等。这些特色产业可以为乡村居民提供更多的工作岗位和创业机会，提高乡村居民的收入，并丰富乡村的产业结构。

第四，数字经济时代，乡村可以发展农业服务业，如农业技术培训、农业信息服务、农业金融服务等。这些服务业有助于加快推进农业现代化。

（四）利益方联系紧密

数字经济时代，乡村三大产业之间的合作越发紧密，专业大户、家庭农场、农民专业合作社、龙头企业及工商资本间形成了稳定的利益联结机制，共同分享发展成果，实现了共赢。例如，各主体共同参与乡村产业发展，使农业与其他产业之间的衔接和配合得到加强，形成了一个高度协同的产业体系，确保了乡村的各种资源得到了共享和高效利用。

此外，乡村产业链得到了优化。从生产、加工、物流到销售，各个环节的利益方都紧密合作，形成了一个高效、互利的产业链。这有利于提高整体产业效益，实现各利益相关方的共赢。

二、数字经济为乡村三大产业融合发展提供路径

（一）加快农业结构调整

在农业结构调整方面，数字经济发挥着重要作用。

一方面，乡村以农牧结合、农林结合、循环发展为导向，通过应用现代信息技术，如大数据技术、人工智能等，调整和优化农业种植养殖结构，优化农业生产过程，促进绿色农业发展。

另一方面，以高效益、新品种、新技术、新模式为主要内容的“一高三新”农业蓬勃发展，一些传统资源得到了综合利用，农业潜力得到了激发。乡村可以通过数字技术对农业废弃物进行实时监测和智能管理，实现废弃物的循环利用，减少环境污染。

（二）延伸农业产业链

随着数字经济的发展，农业产业链也在不断延伸，数字技术改变了农业生产、加工和流通的方式，为农业提供了新的发展机遇。乡村可以通过农产品精深加工、冷链物流体系建设、优势产区批发市场建设等方式，实现农业与市场流通、存储的有机衔接，构建第一产业、第二产业与第三产业间的联系纽带，促进“农业 + 加工业”“农业 + 服务业”融合，实现第一产业、第二产业与第三产业融合的目标。例如，乡村利用数字技术和信息化手段，可以将农产品与加工业、服务业有机结合起来，打造新的农业产业链和价值链。

（三）大力发展农业新业态

随着数字经济的发展，农业也正在经历深刻的变革和转型。为了适应数字经济的发展趋势，乡村正在探索农业发展新的业态和模式，打造新型乡村经济和创新创业平台。

农业新业态主要包括休闲观光、养生养老、创意农业等旅游业态，优质林果、有机蔬菜、草食畜牧等特色业态，以及乡村电商等“互联网 +”

新业态。这些业态不仅能够提高农产品的附加值和市场竞争力，还能够推动乡村一二三产业融合发展。

（四）引导产业集聚发展

数字经济的发展为产业集聚提供了新的机遇。乡村可以通过数字技术构建全产业链发展模式，从建设种植基地、农产品加工、仓储智能管理、市场营销等多个环节入手，打造全链条的产业集群。

第一，乡村可以在农产品生产优势区域建设加工和流通园区，实现产业集聚。乡村可利用数字技术和信息化手段，实现生产、加工、流通一体化，提高农产品的附加值和市场竞争力。例如，乡村可以在果蔬种植区域建设加工厂和冷链物流中心，实现农产品加工、储存、运输等全过程的智能化管理，打造全链条的产业集群。

第二，乡村可以通过配套相应的科研、培训、信息等平台，优化产业链。乡村可利用数字技术和信息化手段，实现产业链的数字化转型和升级，提高生产效率和产品质量。例如，乡村可以建设农业科技园和人才培训中心，提供科技支撑和人才培训服务，为产业链的升级提供强有力的支撑。

三、数字经济赋能下的乡村三大产业融合发展模式

（一）以第一产业为主导的产业融合发展模式

数字经济时代，乡村以第一产业为主导的产业融合发展模式往往以特色种植养殖为依托，打破传统农业产业界限，通过农产品加工、传统手工制作等第二产业的发展及产业服务、休闲服务在研发、生产、营销环节的介入，延伸产业链，推进一二三产业融合发展。

特色种植养殖是指在特定的地域环境中，根据当地的气候、土壤、水源等因素，培育出具有特殊品质和营养价值的农产品与畜禽养殖品种。乡村企业可以通过网络平台进行产品销售，进而扩大销售范围。同时，农产品加工和传统手工制作等第二产业的发展可以促进农产品精深加工

高质量发展，提高农产品附加值和市场占有率。例如，乡村企业可以通过农产品加工，将原本散装的农产品加工成为各种方便食品、营养保健品等，从而扩大产品覆盖面。另外，产业服务和休闲服务的介入也可以促进乡村经济发展。

（二）以第二产业为主导的产业融合发展模式

数字经济时代，乡村以第二产业为主导的产业融合发展模式往往依托农产品及特殊技艺的精深加工和手工制造，其发展向上需要以第一产业为基础的原材料的供给；向下需要配套性服务业（仓储、运输、电商等）及支持性服务业（科技、信息、金融等）。

这种模式强调以农业生产为基础，发展农产品加工业和相关服务业，形成一条完整的产业链。其发展向上需要农业生产作为基础，提供原材料供给。农民可利用数字技术，通过科学种植、绿色生产等方式，提高农产品产量和质量，为加工业提供优质原料。其发展向下需要配套性服务业，构建完善的物流体系，将加工后的产品快速、高效地送到消费者手中。数字技术为此提供了有力支持，如乡村企业可通过物流信息化、智能仓储等，提高物流效率，降低成本，为客户提供更好的购物体验。其发展向下还需要支持性服务业，为农产品加工业提供技术研发、市场信息、资金支持等服务。这些服务业的发展有助于提高整个产业链的竞争力，为乡村三大产业融合发展创造更多机会。

（三）以第三产业为主导的产业融合发展模式

数字经济时代，乡村以第三产业为主导的产业融合发展模式包括旅游引导的消费带动融合模式、以科技手段带动的产业融合模式、以文化创意为核心的带动模式、以电商物流为引领的服务带动模式。

1. 旅游引导的消费带动融合模式

旅游业是乡村产业的重要组成部分，乡村可以通过开展旅游活动、引导旅游购物以及提供旅游服务，形成以消费聚集为引导的一二三产业融合模式。而数字经济可以为旅游业的发展提供支持，推动旅游业的数字化、智能化和信息化。例如，数字经济时代，乡村可在旅游景区配备无人机巡检、智能安防、智能导览等，保障旅游景区的安全，提高旅游景区的服务水平；旅游景区应能够支持智能化的预订、支付、反馈等服务，为游客提供更好的出行体验。需要注意的是，旅游引导的消费带动融合模式重在实现资源的优化配置和各产业的协同发展。

2. 以科技手段带动的产业融合模式

科技作为推动产业发展的关键要素，在促进产业融合方面有着得天独厚的优势。以科技手段带动的产业融合模式能够为乡村产业提供技术支持，实现农业生产的现代化和高效化。现代农业产业园、高科技农业示范园、智慧农园等就是应用科技手段的成果。

现代农业产业园是一个集农业生产、加工、销售、科研、培训于一体的综合性产业园区。其通过引入现代农业技术和管理模式，实现农业生产的规模化、集约化和绿色化，提高农业产值和效益。现代农业产业园还能够为乡村居民提供就业机会，促进地方经济发展。

高科技农业示范园是一个以创新农业科技为核心，展示和推广现代农业技术的示范基地。其通过应用生物技术、信息技术、智能化设备等高科技手段，实现农业生产的精细化管理，提高农业生产效率。同时，高科技农业示范园可以为乡村居民提供技术培训和指导，帮助乡村居民掌握先进的农业技术，提高农业产业的竞争力。

智慧农园是一个运用互联网、物联网、大数据、人工智能等先进技术的现代农业综合体。通过实时监测和智能分析，智慧农园可以实现农业生产的自动化、智能化和环保化。这不仅有助于提高农业生产效率和降低生产成本，还能够保障农业生产安全，提高农产品质量。

3. 以文化创意为核心的带动模式

该模式以种养殖农产品为基础，以文化创意为核心，通过文创农产品种植、农产品的加工与文创包装以及文创体验活动的开展等，构建一二三产业融合发展模式。

依托丰富的农耕文化、多元化的市场消费，以文化创意为核心的带动模式一方面可以提升产品的附加价值，重塑农业价值；另一方面可以拓展产业功能，衍生出休闲农业、主题农业、创意农业、文创品牌等新业态及产品。

4. 以电商物流为引领的服务带动模式

该模式主要以物流配送为核心，带动农产品的规模化生产、销售、服务以及加工企业的聚集和联动，构建完善的产业链体系，实现第三产业带动第一产业、第二产业的融合发展。

在该模式下，乡村电商产业园、乡村电子商贸中心、农产品物流基地等应运而生。

乡村电商产业园是一个集农产品加工、仓储、物流配送、电子商务服务于一体的综合性产业园区。该产业园通过搭建线上线下销售平台，帮助乡村居民将优质农产品销售给全国各地的消费者，提高了乡村居民的收入，促进了地方经济发展。

乡村电子商贸中心是一个集购物、餐饮、娱乐、旅游等功能于一体的综合性商贸服务平台。该商贸中心通过线上线下融合，为消费者提供便捷的购物体验，满足消费者日益多样化的消费需求，同时带动了乡村旅游、餐饮、服务等产业的发展。

农产品物流基地是一个集农产品采购、加工、仓储、配送、信息服务于一体的物流服务平台。该物流基地通过优化物流网络、降低物流成本，为农民提供高效、便捷的物流服务，减少了农产品从产地到市场的流通环节。

第三节　数字经济催生乡村新兴产业

一、乡村文创产业

随着人们对文化消费的需求不断增加，乡村文创产业逐渐崛起。文创产业是乡村新兴产业的重要组成部分，它是在数字经济发展背景下崛起的，以文化为基础、以数字技术为支撑的新兴文化产业。

（一）数字技术为文创产业提供技术支撑

数字技术是乡村文创产业发展的重要支撑，应用数字技术可以实现文化产品的数字化制作、宣传和销售。乡村文创产业在数字技术的支持下，逐渐形成了具有自身特点的发展模式。

1. 数字化制作

数字技术在乡村文创产业中的应用可以让文化产品更加丰富多样，具有更高的艺术价值和更强的市场竞争力。例如，在影视制作方面，数字技术可以让乡村题材影视作品更加逼真、细腻，展现乡村的风土人情和历史文化；在数字艺术设计方面，数字技术可以让艺术品更加生动，吸引更多的消费者；在动漫创作方面，数字技术可以让动画形象更加立体、真实，提升乡村文化形象的塑造和传播的效果。

以中华优秀传统文化中的剪纸为例，创作者借助数字技术可以创造出更多元的剪纸作品。传统的剪纸作品往往形象较为单一，但是在数字技术的帮助下，剪纸作品可以具备多元化的表现形式，如动态效果、音效等，从而更具时代感和吸引力。

2. 数字化宣传

数字技术可以为乡村文创产业提供数字化宣传支持，如乡村企业可利用社交媒体、短视频平台等，对文创产品进行宣传推广，将文创产品推向更广阔的市场，以提升文创产品的市场影响力。

3. 数字化销售

随着互联网的普及，电商平台成为乡村文创产品的重要销售渠道之一。数字化销售不仅可以方便消费者购物，还可以提升文创产品的市场影响力，进而推动乡村文创产业发展。数字化销售的优点具体如下。

（1）提升销售效率。传统的乡村文创产品销售主要依靠线下门店销售，受销售范围和时间限制。而电商平台可以实现 24 小时不间断的销售，并且可以将乡村文创产品销售范围扩大到全国甚至全球，从而提升销售效率。

（2）拓宽销售渠道。乡村文创产品的销售渠道相对少，而电商平台的入驻可以为乡村文创产业提供一个全新的销售渠道。乡村文创企业通过电商平台进行销售，可以让更多的消费者了解和购买乡村文创产品，提升乡村文创产品的知名度和美誉度。

（3）提高用户黏性。电商平台的用户可以通过收藏、分享、评论等方式与产品销售者产生互动。这些互动可以为乡村文创企业提供更加精准的用户反馈意见，从而帮助乡村文创企业进一步改进产品和服务，提高用户黏性。

4. 数字化体验

数字技术可以为乡村文创企业提供数字化体验的支持，提升文创产品的吸引力，让消费者沉浸在文化创意中。以下是数字技术在乡村文创产业中数字化体验方面的具体应用。

虚拟现实是一种可以在计算机内部建立虚拟环境，并通过头戴式显示器等设备带给观众沉浸式体验的数字技术。在乡村文创产业中，虚拟现实可以为观众带来更加真实的文化体验，如在历史文化景区中，乡村文创企业可以通过虚拟现实再现历史场景，让观众身临其境。

增强现实是一种可以将虚拟元素与现实环境相融合的数字技术。在乡村文创产业中，增强现实可以为观众提供更加丰富多样的文化体验，如在文化展览馆中，乡村文创企业可以利用增强现实，为观众呈现更加生动的文化元素。

数字化展览是一种利用数字技术举办虚拟展览的方式，能够为观众提供更加便捷、高效和多样的文化体验。在乡村文创产业中，数字化展览可以为观众提供更加丰富多样的可视文化体验，也可以解决乡村文化展览的场地、安全等问题。数字化展览有多种形式，如利用虚拟现实建立虚拟展览馆，让观众通过佩戴虚拟现实设备来参观展览，身临其境地感受文创产品的魅力；利用增强现实举办数字化展览，让观众通过手机等移动终端来参观展览，体验数字化的展览形式。同时，数字化展览可以与线下实体展览相结合，形成线上线下相结合的展览形式，让观众可以更全面地了解文创产品。

（二）数字化平台为文创产业提供发展保障

数字化平台的建立是乡村文创产业发展的重要保障，可以为文创产品提供更广泛、更高效的传播和销售渠道。

1. 电商平台

电商平台是较常用的一种数字化平台，可以为乡村文创企业提供便捷的文创产品销售渠道，解决文创产品营销渠道有限的问题，从而提升乡村文创企业的市场份额和竞争力。

在电商平台上，乡村文创企业可以建立自己的网店，展示自己的产品，利用平台提供的各种工具和服务宣传、销售自己的产品。

除此之外，电商平台还能够为乡村文创企业提供便捷的物流服务，可以让企业更加专注产品的研发和生产，而非过多地关注后续的物流。

2. 社交媒体

社交媒体也是一种常用的数字化平台，它也可以为乡村文创企业提供有效的产品宣传和推广渠道。乡村文创企业可以通过社交媒体建立用户关系和社交网络，定向地推送产品信息及相关广告，让更多的人了解和认可本企业的产品，提升产品的市场影响力。

通过社交媒体，乡村文创企业可以根据目标受众的年龄、性别、地域等属性进行更精准的广告投放。同时，根据社交媒体上的留言，乡村文创企业可以更好地了解消费者需求和市场变化。

社交媒体还提供了多种社交营销手段，如社交抽奖、社交话题营销等，有助于乡村文创企业在社交媒体上树立良好的品牌形象，提升品牌知名度和社会影响力。

3. 文化创意平台

文化创意平台是针对乡村文创产品提供展示和推广服务的平台，它通过数字技术实现文创产品的数字化展示和推广。数字化博物馆、数字化图书馆等都属于文化创意平台。

数字化博物馆往往利用数字技术，将实体博物馆中的文物以数字化方式呈现在网络上。数字化博物馆可以通过数字技术还原文物原貌和历史场景，让观众不需要出门即可欣赏到珍贵文物，增强观众的参与感和体验感。

数字化图书馆往往利用数字技术将实体图书馆的馆藏以数字化的方式展示出来，为读者提供在线阅读和借阅服务。

（三）数字化人才为文创产业提供发展动力

数字经济时代，乡村企业需要数字化人才的支撑，数字化人才可以为乡村文创产业提供发展动力。那么，如何培养数字化人才呢？

（1）设置培训课程。数字经济时代，乡村文创企业要为员工提供相关的培训课程，如数字化设计、数字化制作、数字化营销等课程，帮助他们提高专业技能和业务水平。

（2）开展在线教育。数字经济时代，乡村文创企业要通过在线学习平台为员工提供在线教育，让他们可以随时随地地学习相关知识和技能。

（3）提供实践机会。乡村文创企业要为员工提供更多的实践机会，让他们可以在实践中应用所学知识和技能，进而提高他们的实践能力。

二、新能源汽车充电服务产业

（一）新能源汽车充电服务产业的兴起背景

2022年4月，国务院办公厅发布《国务院办公厅关于进一步释放消费潜力促进消费持续恢复的意见》（以下简称《意见》）。《意见》指出："鼓励有条件的地区开展新能源汽车和绿色智能家电下乡，推进充电桩（站）等配套设施建设。"

乡村是巨大的消费市场。近年来，新能源汽车下乡日趋火热，新能源汽车成为农村居民的主要出行工具之一。随着新能源汽车市场的迅速发展，新能源汽车在乡村的普及率也逐步提升。充电桩作为新能源汽车的配套基础设施，应实现乡村全覆盖，这对于实现乡村居民"充电自由"、缩小城乡基础设施和公共服务水平差距具有重大意义。

尽管新能源汽车下乡进展快速，但相对滞后的充电基础设施建设仍阻碍了新能源汽车销量的进一步提升。对车主来说，由于乡村充电桩数量少、位置隐蔽，即使找到充电桩也可能遇到因长期未维护而无法正常工作的"坏桩"；对运营商来说，由于乡村车流密度比城市低，乡村充电站选址难、充电桩利用率低和盈利难等情况也更突出。

随着农村基础设施的不断完善，如何对这些基础设施进行运营管理也成为一个难题。充电桩作为新基建的代表，其建设及维护成本不能仅依赖新能源汽车在乡村地区渗透率的提高，有关企业更不能以新能源汽车下乡为出发点，把充电桩的建设作为占领乡村消费市场的手段。

充电桩还应承担公共服务功能。一方面，充电桩建设能够推动新能源汽车的服务网络进一步下沉到乡村，方便乡村居民日常出行，引导乡村居民改变用能方式和出行习惯，实现绿色可持续发展，让乡村与城市在新型生活方式方面相衔接。另一方面，充电桩建设能够服务农村经济发展，避免“有人建没人管”的尴尬。在乡村游不断升温的地区，充电桩的建设应与当地的旅游规划布局相匹配，为旅游观光巴士、客运巴士、私家车等提供充电配套服务保障，方便城市居民到乡村游玩，减少他们的出行充电忧虑，为他们提供更好的旅游体验，为乡村产业振兴增添“绿色动力”。

（二）新能源汽车智能充电设施

在乡村地区，新能源汽车智能充电设施可以为居民和企业提供更加便捷、高效、安全的充电服务，促进新能源汽车的普及和推广，推动乡村经济的发展。

1. 智能充电设施的分类

智能充电设施按照功能可以分为以下几类。

（1）交流充电设施。交流充电设施是指使用交流电源为新能源汽车充电的设备，输出的电流为交流，安置在电动汽车外，与交流电网相连，无法直接向电动汽车储能装置充电，需要通过车载充电机对电能进行处理后才可以向电动汽车的动力电池充电，相当于只是起了一个控制电源的作用。由于车载充电机一般充电功率相对较小，一般需要数小时或更长时间来完成充电，所以交流充电设施又被称作“慢充”。交流充电设施的使用范围较广，适用于城市和乡村居民使用的新能源汽车。

（2）直流充电设施。直流充电设施是指使用直流电源为新能源汽车充电的设备，输出的电流为直流，安置在电动汽车外，与交流电网相连，经过电能处理后，可以直接向电动汽车的动力电池输出直流电进行充电。由于直流充电设施采用三相四线制供电，功率相对于车载充电机大了很多，输出的电压和电流的可调范围也更大，可以实现快速充电，所以直流充电设施又被称作“快充”。

2. 智能充电设施的特点

（1）充电安全。智能充电设施可以实现充电设施和新能源汽车的智能连接，提高充电安全性和稳定性，减小甚至避免因充电而导致的事故风险。

（2）多样化服务。智能充电设施可以根据用户需求提供不同的充电服务，如快速充电、慢速充电、定时充电、预约充电等，满足用户不同的充电需求，为用户提供更好的充电体验。同时，智能充电设施可以提供在线支付、实时监控、预警提示等多种服务，为用户提供更加便捷、安全和可靠的充电服务。例如，用户可以通过智能手机等移动设备实时查询充电设施的使用情况和充电效果，随时掌握充电状态和剩余充电时间，还可以进行在线支付和预约充电等操作，充电的便捷性和安全性都能大大提高。

3. 智能充电设施的应用

智能充电设施可以通过互联网和物联网技术，对充电设施的使用情况进行实时监控和管理，提高充电服务的可靠性和效率。

智能充电设施的普及和推广可以使得新能源汽车的使用更加便捷，从而推动新能源汽车产业的发展，节能降耗，保护环境。同时，智能充电设施可以为乡村提供更加便捷的充电服务，促进乡村经济的发展，使乡村交通出行更便利。

总之，智能充电设施是新能源汽车充电站建设中不可或缺的一部分，为新能源汽车充电服务提供了支持，也为新能源汽车产业的发展提供了有力的保障。

（三）新能源汽车再生能源充电技术

新能源汽车再生能源充电技术是指将太阳能、风能、水能等再生能源作为充电设施的能源供给，实现对新能源汽车的智能充电和管理。与传统的燃油车相比，新能源汽车具有环保、经济等优势，但是充电问题一直是制约其发展的重要问题之一。再生能源充电技术能够有效解决这一问题，为新能源汽车的普及和推广提供有力支持。

再生能源充电技术的优势在于环保性和经济性。一方面，再生能源充电技术可以将太阳能、风能、水能等可再生能源作为充电设施的能源供给，减少对传统化石能源的依赖，减少对环境的污染；另一方面，利用再生能源充电设施进行充电可以大大降低能源成本，从而使经济效益和环保效益都得到提升。

下面详细介绍几种再生能源充电技术。

1. 光伏发电技术

光伏发电技术是利用太阳能光子对光伏电池中的半导体材料产生的光电效应，将光能转化为电能的一种技术。乡村可利用光伏发电技术，在充电站周围或充电设备上安装光伏电池板，收集太阳能并将其转化为电能，用于充电设备的供电。这种方式不仅可以为充电站提供再生能源，还可以降低充电成本，提高充电服务的可持续性和可靠性。

2. 风力发电技术

风力发电技术是利用风能驱动风力机发电的一种技术。乡村可利用风力发电技术，在充电站周围或充电设备上安装风力机，将风能转化为电能，用于充电设备的供电。

3. 地热能发电技术

地热能发电技术是利用地下热能资源进行发电的一种技术。乡村可利用地热能发电技术，在充电站周围或充电设备下方进行地热井的开掘和管道的铺设，利用地下热能资源将地下热能转换为机械能，再把机械能转换为电能，最后将电能用于充电设备的供电。

（四）数字经济赋能充电设施运营管理

数字经济时代，集成化、一体化的充电服务平台发展迅速。这是一种基于互联网、物联网、大数据技术的充电服务管理平台，它可以对新能源汽车充电设施进行监控和管理，提高充电服务的可靠性和效率。在乡村，构建数字化充电服务平台可以为新能源汽车充电设施的建设和管理提供有效的支持，提高乡村的充电服务水平，推动新能源汽车在乡村的普及。

数字化充电服务平台的基本功能如下。

1. 充电设施监控

数字化充电服务平台通过物联网可以实现对充电设施的远程监控，实时了解充电设施的使用情况、充电效率、剩余电量、是否存在故障等信息，从而相关工作人员能够及时发现充电设备的问题并进行处理，提高充电服务的可靠性和效率。

2. 充电服务管理

充电服务管理包括对充电站的位置、充电设备的数量、充电费用等信息的管理，能够为用户提供全面的充电服务管理，提高充电服务的效率。

3. 用户管理

用户管理包括对用户注册与认证、查询、统计等功能的管理，能够为用户提供更加便捷的充电服务，提高用户的满意度。

4. 充电服务预约和导航

充电服务预约和导航包括预约充电时间、预约充电桩、充电桩位置导航等功能，能够为用户提供更加方便的充电服务。

第三章　作用机制：数字经济全面赋能乡村产业创新发展

第一节　政府提供政策保障

在乡村产业的创新发展中，政府可以从产业规划、乡村治理、资源统筹三个方面提供政策支持和服务。

一、产业规划

制定产业规划是政府促进乡村产业创新发展的关键措施之一。产业规划的制定需要政府从多个方面加以考虑，以保证产业规划的有效性和可操作性。

（一）明确乡村产业发展目标与方向

2020 年 7 月，中华人民共和国农业农村部印发《全国乡村产业发展规划（2020—2025 年）》（以下简称《规划》）。

《规划》提出了乡村产业发展目标，具体如下：

到 2025 年，乡村产业体系健全完备，乡村产业质量效益明显提升，乡村就业结构更加优化，产业融合发展水平显著提高，农民增收渠道持续拓宽，乡村产业发展内生动力持续增强。

——农产品加工业持续壮大。农产品加工业营业收入达到 32 万亿元，农产品加工业与农业总产值比达到 2.8 ∶ 1，主要农产品加工转化率达到 80%。

——乡村特色产业深度拓展。培育一批产值超百亿元、千亿元优势特色产业集群，建设一批产值超十亿元农业产业镇（乡），创响一批“乡字号”“土字号”乡土品牌。

——乡村休闲旅游业优化升级。农业多种功能和乡村多重价值深度发掘，业态类型不断丰富，服务水平不断提升，年接待游客人数超过 40 亿人次，经营收入超过 1.2 万亿元。

——乡村新型服务业类型丰富。农林牧渔专业及辅助性活动产值达到 1 万亿元，农产品网络销售额达到 1 万亿元。

——农村创新创业更加活跃。返乡入乡创新创业人员超过 1 500 万人。

《规划》提出要坚持立农为农、市场导向、融合发展、绿色引领和创新驱动等基本原则，引导资源要素更多向乡村汇聚，加快农业与现代产业要素跨界配置，把二、三产业留在乡村，把就业创业机会和产业链增值收益更多留给农民。

（二）明确乡村产业发展的任务

《规划》明确了乡村产业发展的重点任务，包括以下六个方面。

1. 提升农产品加工业

统筹发展农产品初加工、精深加工和综合利用加工；推进农产品加工向产地下沉、与销区对接、向园区集中；推进加工技术创新、加工装备创制；建设一批农产品加工园和农产品加工技术集成基地。

2. 拓展乡村特色产业

以拓展二、三产业为重点，发展全产业链；建设“一村一品”示范村镇、农业产业强镇、现代农业产业园和优势特色产业集群，构建乡村产业“圈”状发展格局；培育知名品牌；深入推进产业扶贫。

3. 优化乡村休闲旅游业

聚焦重点区域；注重品质提升，突出特色化、差异化和多样化；打造精品工程，建设休闲农业重点县、美丽休闲乡村和休闲农业园区，推介乡村休闲旅游精品景点线路；提升服务水平。

4. 发展乡村新型服务业

提升生产性服务业，扩大服务领域，提高服务水平；拓展生活性服务业，丰富服务内容，创新服务方式；发展农村电子商务，培育农村电子商务主体，扩大农村电子商务应用，改善农村电子商务环境。

5. 推进农业产业化和农村产业融合发展

打造农业产业化升级版，壮大农业产业化龙头企业队伍，培育农业产业化联合体；推进农业产业融合发展，培育多元融合主体，发展多类型融合业态，建立健全融合机制。

6. 推进农村创新创业

培育返乡、入乡、在乡创业主体；建设农村创新创业典型县、农村创新创业园区、孵化实训基地等创业平台；强化创业指导；优化创业环境；培育乡村企业家队伍。

（三）制订乡村产业发展行动计划

在《规划》的指引下，各地乡村可结合具体情况，从产业链、产业结构、产业布局等方面入手，制订相应的具体发展行动计划，以推动乡村产业数字化发展。该行动计划可以包括加强基础设施建设、做强文化产业等方面。

在基础设施建设方面，乡村可以实施道路硬化、亮化和排水工程，对村内未硬化的道路进行硬化、亮化，配套相应的排水设施，并将其逐步与已硬化的村内道路相连接，实现村内道路循环互通。供电、照明、通信也应达到标准要求。乡村主干道和公共场所路灯安装率应达 100%，其他区域应根据需要设置路灯，村内旅游路牌应标识明确。

在做强文化产业方面，各地乡村可根据当地特色做精乡土特色产业。具体如下：因地制宜发展小宗类、多样性特色种养，加强地方品种种质资源保护和开发；建设特色农产品优势区，推进特色农产品基地建设；支持建设规范化乡村工厂、生产车间，发展特色食品、制造业、手工业和绿色建筑建材等乡土产业；充分挖掘农村各类非物质文化遗产资源，保护传统工艺，促进乡村特色文化产业发展。

二、乡村治理

乡村治理是指政府、村民自治组织、村民等各方面力量在乡村共同参与、共同管理、共同治理，维护公共利益和社会秩序的过程。在乡村治理中，政府发挥着重要作用，促进乡村产业创新发展，包括为乡村产业提供良好的政策环境、为乡村产业提供必要的公共服务、提高乡村产业的管理水平、协同推动乡村产业数字化。

（一）为乡村产业提供良好的政策环境

一方面，政府可以设立乡村产业扶持基金，为乡村产业提供资金支持。该基金可以通过政府拨款、社会捐赠等多种形式筹集资金，为乡村企业提供无息或低息贷款，帮助乡村企业获得资金支持，提高乡村企业的核心竞争力，推动乡村产业发展。

另一方面，政府可以通过分析当地实际情况，出台有针对性的人才引进政策，促进乡村产业的创新发展。数字时代的到来给乡村产业带来了更多的发展机遇，也带来了更多的人才需求。当然，不同地区、不同产业的人才需求倾向是不同的。因此，政府可以通过多种形式吸引特定的优秀人才到乡村发展。例如，政府可以提供住房、教育、医疗等福利，吸引更多的高素质人才进入乡村企业，带动乡村产业快速发展。

（二）为乡村产业提供必要的公共服务

在政府的支持下，乡村基础设施建设、环境保护、卫生保健、文化教育等公共服务能够得到发展，为乡村产业提供必要的支持。

在加强基础设施建设方面，政府可以通过资金投入和政策支持，加强对乡村基础设施的建设和改造，提高乡村治理水平。例如，政府可以在乡村加强乡村公路、桥梁建设，完善乡村电网建设等，为乡村产业提供更加便捷的交通、通信、电力等基础设施支持；政府还可以通过创新金融手段，鼓励社会资本参与乡村基础设施建设，提高基础设施的建设速度和质量，促进乡村产业快速发展。

在加强环境保护方面，政府可以通过加强对乡村环境的监管和保护，提高乡村居民的环保意识和能力。具体而言，政府可以通过建立乡村环保信息化平台来开展乡村环境质量监测，为乡村环保工作提供数据支持；政府还可以开展乡村垃圾分类、污水处理等环保活动，鼓励乡村居民参与环境保护工作，加强乡村环保宣传和教育，提高乡村居民对环境保护的认识和重视程度。

政府还可以在卫生保健、文化教育等方面为乡村产业提供必要的公共服务支持。政府可以加强对乡村医疗卫生机构的建设和管理，提高乡村医疗卫生服务水平，保障乡村居民健康。政府也可以开展文化活动、教育活动，提高乡村居民文化素质和受教育水平，为乡村产业培养优秀人才。

需要指出的是，政府在提供公共服务支持时，应当注重针对性和实效性。政府应当通过大数据分析等手段，了解乡村产业的需求和特点，制定有针对性的服务支持政策和措施，提高公共服务的实效性和覆盖率。同时，政府应当加强与社会组织的合作，充分发挥各方资源优势，提高公共服务的整体水平。

（三）提高乡村产业的管理水平

乡村治理是政府推动乡村产业发展、提高乡村产业管理水平的重要手段之一。数字经济时代，网络基础设施的完善和网络覆盖率的提升为数字技术融入乡村治理体系提供了必要的硬件基础，也加快了乡村治理和政务服务体系与上级政务系统的融合对接，构建了一云承载、一网通达、一池共享、一事通办、一体安全的“五个一”政府政务数据治理新模式。在此背景下，政府可以通过现代化的管理模式和技术手段来提高对乡村产业的管理水平，以推动乡村产业的转型升级和可持续发展。

一方面，政府可以通过建立益农信息社、开展电子商务培训等方式，提供培训与指导，提高乡村企业和个体户的管理能力和素质，增强其创新意识和市场敏感性，提高乡村产业的竞争力。

另一方面，政府可以推广现代化的管理模式和技术手段，实施智慧乡村项目，通过数字乡村治理平台，全面提升乡村治理水平和政务服务水平，进而提高乡村产业的管理水平。例如，政府可以借助信息化手段对乡村土地交易进行管理，搭建农村宅基地信息管理系统框架，通过建立基础信息“一张图”、业务管理“一条链”、数字化管理“一张网”，优化宅基地功能布局，规范管理，强化巡查监管，为深化农村宅基地制度改革试点提供有力支撑；政府还可以通过搭建乡村文旅休闲产业服务平台、建设品牌赋能中心、设置旅游服务驿站，为乡村居民和游客提供更好的公共服务和生活服务，全面提升乡村产业管理水平。

（四）协同推动乡村产业数字化

在乡村治理过程中，政府要把握好政策层、机制层、制度层这三层动力，协同推进乡村产业数字化，让数字技术渗透乡村产业的各个方面。

第一，良好的政策生态能够为数字技术创新应用厚植土壤。政府要结合法治乡村建设，健全乡村数字生态体系，提升基层数字治理能力，营造市场化、法治化环境。

第二，市场良性运行离不开有效的机制保障。要建设乡村产业数字化机制，政府就应先解决资金投入和要素配置问题，既要充分发挥财政资金与国家级投资基金的引导作用，又要通过建立健全财政资金分级投入机制、政府和企业风险分担机制调动各方积极性，更重要的是强化制度稳定性和政策连续性，推进政策手段的机制化建设，避免政府规制急刹车或猛给油、新官上任另起炉灶、另搞一套系统，造成有限财力的浪费。

第三，政府应重视乡村重要领域和关键环节的改革，这会影响数字技术应用的广度和深度。政府要深入推进乡村产业数字化，就需要在农产品价格形成机制、农村集体产权制度、农村市场基础性制度等方面的改革上取得更大突破，强化制度供给，降低数字技术应用的成本和风险，提高农业新型经营主体应用数字技术的支付意愿，实现技术发展和经济效益的良性循环。

三、资源统筹

政府可以通过资源统筹，促进乡村产业的发展。此处的资源统筹是指在乡村整合和优化土地、资金等各种要素，以实现乡村产业的可持续发展。

（一）整合土地资源

作为乡村产业发展的重要基础，土地资源的合理利用和整合是政府促进乡村产业发展的关键。在数字经济的推动下，政府可以利用数字技术和平台优势，推进农业产业化，提高农业生产效益和竞争力。

1. 土地资源整合的必要性

在乡村产业发展中，乡村土地的分散等复杂问题给乡村产业的发展带来了一定的制约。土地整合是指对分散的土地进行统一规划，以实现土地资源的集中化利用和优化配置。通过土地整合，政府可以实现对乡村土地资源的高效利用，提高土地的产出效益，同时降低耕地占用率，保护生态环境；还可以为农业企业提供必要的土地保障和服务支持，推进农业产业化，提高农产品的竞争力和附加值。

农业产业化是指以市场为导向，以经济效益为中心，以主导产业、产品为重点，优化组合各种生产要素，实行区域化布局、专业化生产、规模化建设、系列化加工、社会化服务、企业化管理，形成种养加工、产供销、贸工农、农工商、农科教一体化经营体系，使农业走上自我发展、自我积累、自我约束、自我调节的良性发展轨道的现代化经营方式和产业组织形式。农业产业化是乡村产业的重要发展方向，可以提高农业生产效率、提升农产品附加值和竞争力，进而带动整个乡村经济的发展。政府可以通过整合土地资源，推进农业产业化，提高农业的生产效益和竞争力，实现乡村产业的可持续发展。

2. 数字技术和网络平台在土地资源整合中的应用

数字技术和网络平台在土地资源整合中具有重要的作用。通过应用数字技术，政府可以实现土地流转的规范化，促进土地的有效整合。政府可以利用数字技术建立土地流转市场，为乡村土地的流转提供必要的服务。需要注意的是，政府要出台相应政策，并将这些政策公开发布在网络平台上，从而为土地流转提供必要的支持和保障，如给予土地流转补贴、贷款优惠等。

现代化农业园区就是利用数字技术、根据政府政策，将土地资源整合后建成的。它是将农业产业、乡村人居环境和乡村社会文化有机结合而成的集农业生产、服务、休闲、观光等功能于一体的区域。

（二）整合财政资源

乡村产业的发展需要资金的支持。政府可以通过整合财政资源，优化财政资源配置，避免不同部门之间的资金浪费和重复投入，提高资金利用效率，为乡村产业提供必要的资金支持，推动乡村产业发展。

一方面，政府应出台针对乡村产业发展的财政扶持政策，为乡村产业发展提供必要的财政支持，如减免企业所得税、提供创业贷款、发放科技创新基金等。

另一方面，政府应引导社会资本投入乡村产业，开展项目合作，为乡村产业提供充足的资金。例如，实施公共私营合作制（public private partnership, PPP）模式，这是指政府与企业、社会组织等私人组织进行合作，共同投资、建设和运营公共项目，分享风险和收益。政府可以通过 PPP 模式，引入社会资本，为乡村产业提供资金支持和技术支持，推动乡村产业发展。

（三）整合产业资源

产业集群这一概念最早是由美国管理学家迈克尔·波特（Michael Pcrter）在 1990 年出版的《国家竞争优势》一书里提出。产业集群是指某一行业内的竞争性企业以及与这些企业互动关联的合作企业、专业化供应商、服务供应商、相关产业厂商和相关机构（大学、科研机构、制定标准的机构、产业公会等）聚集在某特定地域的现象，如信息技术企业和相关厂商、相关机构等在美国硅谷的聚集。产业集群可提高产业的劳动生产率、整体竞争力和创新能力。产业集群的群体效应有助于当地形成区域品牌，从而能够使各企业的竞争力得到提升。也正是基于此，波特认为产业集群对特定产业的发展和国家竞争力的增强有重要作用。这一理论不仅适用于城市产业，还适用于乡村产业。

2020 年，广东省农业农村厅发布了《广东省发展现代农业与食品战略性支柱产业集群行动计划（2021—2025 年）》，计划“到 2025 年，集群规模（总产值）接近 2 万亿元，现代农业与食品产业产值分别接近 1 万亿元”。由此可见，打造重点领域产业集群是推进乡村振兴的重点。在乡村产业振兴的过程中，政府应该有意识地导入乡村产业集群观，根据属地的资源特点，有意识地挖掘有发展前景的农产品，并有针对性地引入配套产业，以此培育和形成农业产业集群，从而实现产业资源的整合，提高乡村产业的综合竞争力。

不过要培育乡村的产业集群并不那么容易，数字经济赋能下的政府借助各种技术和工具可以更好地整合产业资源。

首先，政府可以培育壮大龙头企业，使其发挥龙头作用。由于农业设施投入大、回收期长、盈利薄等，多数乡村难以打造规模性特色农业产业。因此，政府要聚焦优势产业，重点扶持一批龙头企业，培育新型农业经营主体，打造区域农业产业品牌。同时，由龙头企业牵头创建产业化联合体，辐射带动农民合作社、家庭农场、小农户共同发展。在这个过程中，无论是产业数据分析，还是龙头企业扶持政策内容宣传等，都离不开数字化的平台渠道。

其次，政府可以按照“一个项目就是一种可复制、可推广的村社复兴模式”的理念，围绕先进生产性服务业、都市农业和绿色食品产业生态圈，优化“链主企业 + 领军人才 + 产业基金 + 中介机构 + 公共平台”产业生态，大力培育以乡村为场景的现代乡村产业集群。政府应强化重大产业项目招引促建服务，重点聚焦农博会展、绿色食品全产业链，大力开展招商引资、招商引智，搭建全国大中城市“菜篮子”产品保供稳价指挥调度平台，加快实施农博主展馆、农博科创园等载体建设，推动现代乡村产业集聚成势。同时，政府要促进农商文旅体科教融合发展，进一步强化“商”的逻辑、“科”的引领、“教”的延伸、“文”的浸润作用，引导市场主体参与乡村消费场景、商业场景、生产场景、生活场景营建，孵化一批“种植 + 科普研学”“加工 + 消费体验”“品鉴 + 文化创意”等乡村新业态，大力促进一二三产业融合发展。

最后，政府可以创新“联农带农机制”，发展壮大农村集体经济，聚焦资源活化、资产提效、服务创新的发展路径，主动连接市场主体，优先发展集体经济示范村，扶持集体经济典型村，探索农村集体经济发展新模式。

第二节　数字金融化解资金压力

数字金融本身就是数字经济时代的产物，是指利用互联网和信息技术，将金融服务和产品数字化，为用户提供更加便捷、高效和优质的金融服务。在乡村产业发展中，数字金融可以帮助人们化解资金压力，促进乡村产业发展。

一、数字金融为乡村产业创新发展提供融资服务

（一）提供更加便捷的融资渠道

传统的融资渠道通常需要借款人到银行或其他金融机构进行申请，申请流程烦琐，审核周期长，对借款人的资质、信用等方面的要求也较高。而数字金融通过互联网和信息技术，将融资渠道数字化，为借款人提供了更加便捷的融资渠道。借款人可以通过在线平台直接申请融资，融资流程简单快捷，审核周期也大大缩短。

1. 互联网金融平台

作为我国金融体系的有生力量，互联网金融平台本身就是科技赋能金融的新生业态，应用了新技术、新模式，在数字金融发展过程中具有重要作用。其包括对等网络（peer to peer, P2P）网络借贷平台、众筹平台等。

P2P 网络借贷平台是 P2P 借贷与网络借贷相结合的互联网金融服务网站。P2P 借贷是指个体和个体之间通过互联网平台实现的直接借贷，互联网平台仅为借贷双方提供信息交互、资信评估、投资咨询、债务催收等中介服务。网络借贷是指在贷款的整个流程中，资料的准备、资金的流动、合同的签订、手续的办理等全部通过网络完成。

众筹平台是指通过互联网和数字技术，为创业者、企业和个人提供资金支持的新型融资平台。所谓“众筹”，就是由项目的发起者借助网络发动公众力量，集中公众资金、能力和渠道，为小企业开展某项活动、个人创业等提供必需的资金援助。众筹融资与常规的融资模式不同，其特点在于融资单体金额小、总体规模大。不同于一般融资需要以企业的价值作为融资的评判标准，众筹融资为创业公司的融资提供了一条新的

途径。众筹平台可以为乡村产业提供多种融资方式，如股权众筹、捐赠众筹、产品众筹等。通过众筹平台，乡村企业可以向社会募集资金，实现多元化的融资，缓解资金压力，促进产业发展。

2. 数字化银行

数字化银行既包括传统银行的数字化，又包括基于数字技术和平台提供银行业务的新型金融服务模式。数字化银行利用互联网、大数据技术、人工智能等，实现了金融服务的在线化、智能化和个性化，为乡村产业提供了更加全面、便捷、高效的金融服务和支持，尤其是在解决资金压力、促进乡村产业发展方面具有重要作用。

相较传统银行，数字化银行具有以下优势。一是便捷高效。数字化银行的服务具有线上化、智能化的特点，可以提供更加便捷、高效、个性化的金融服务和支持，使融资和投资变得更加简单、快捷。二是风控科技化。数字化银行采用大数据技术、人工智能等，可以进行更精准的风险评估和控制，降低融资风险，提高融资成功率。三是灵活多样。数字化银行可以为不同的乡村企业提供定制化的融资方案，根据企业的实际需要，提供多种融资方式和支持。

数字化银行具体包括以下几种形式。

（1）网上银行：银行业金融机构借助互联网、移动通信网络、其他开放性公众网络或专用网络基础设施向其客户提供网上金融业务服务的形态。网上银行的业务包括三大类：一是信息服务，如产品业务介绍、利率汇率查询等；二是客户交流服务，如客户档案更新、业务申请、账户查询等；三是交易服务，如转账汇款、支付结算、投资理财、代缴费用、信贷融资等。

（2）电话银行：银行业金融机构利用计算机电话集成技术，以电话自助语音与人工服务相结合的方式为客户提供金融服务的形态。其金融服务包括账户信息查询、转账汇款、投资理财等。

（3）移动银行：银行业金融机构通过手机或其他移动设备来实现客户与银行的对接，为客户办理相关银行业务或提供金融服务的形态。客户通过手机操作获得金融服务，包括附近网点查询、预约取现、手机号转账、二维码支付等。银行除了可以自己进行移动客户端应用开发，还可以与流量平台合作，共同开展移动金融业务，其中较有代表性的是"微信银行"。银行业金融机构首先要在微信上建立企业公众平台，然后为微信用户提供专属移动服务，不仅包括账户查询、贷款、理财、信用卡还款等移动金融服务，还包括精彩优惠、积分商城、特惠商户等便民生活服务。

（4）直销银行：不设立线下网点的银行业金融机构建立的"纯互联网平台"，提供存贷汇业务、投资理财产品等金融服务。直销银行是传统银行受互联网驱动而衍生出来的一种银行形态，具有方便快捷、服务优惠、回报丰厚、费率较低等优势。相对于其他银行形态而言，直销银行并不拥有实体网点，客户借助电脑、手机等设备登录银行平台才能获得金融商品和金融服务。直销银行不会发放实体银行卡，仅生成相应电子账户。2014 年我国第一家直销银行——民生银行直销银行正式上线以来，许多银行业金融机构相继设立了许多直销银行。直销银行坚持普惠金融的理念，利用金融科技把银行服务贯穿于衣、食、住、行等多种生活场景中，在履行相关监管要求的基础上，为用户提供随时随地、全方位的金融服务，增强了金融服务的可获得性与便利性。

（5）互联网银行：借助现代数字通信、互联网、移动通信及物联网，在线为客户提供账户管理、转账汇款、支付结算、投资理财、贷款融资等金融服务的形态。

（二）提供更低成本的融资方案

数字金融是一种新兴的金融模式，相较传统金融，其具有低成本的特点。数字金融可以为乡村企业提供更低成本的融资方案，促进乡村产业的发展。

1. 在线化运作

传统金融机构需要建设实体网点，包括租赁场地、装修和购置设备等，这些都需要大量的资金和时间。相比之下，数字金融机构可以通过互联网平台提供线上服务，降低了建设实体网点的成本。数字金融机构还可以通过移动应用程序随时随地提供服务，让客户在任何时间、任何地点都能方便地咨询信息、办理业务。可见，数字金融可以有效降低融资成本，提高融资效率。

2. 风险控制技术化

传统金融机构的风险控制主要依赖人工审核，这样容易出现人为疏漏。相比之下，数字金融机构采用大数据技术、人工智能等进行风险控制，实现自动化的风险评估和管理。这种技术化的风险控制可以有效避免人为因素带来风险的概率，也可以提高风险评估的准确性和速度。数字金融机构可以根据客户的个人信息、交易记录等数据，对客户的信用状况进行分析和评估，从而降低坏账率与融资成本。

3. 信息共享

传统金融机构的信息共享受到很多限制，由于不同的部门之间信息不共享、信息不对称等，传统金融机构的运作效率有待提高。数字金融机构通过建立信息共享平台实现融资方和投资方的信息共享。融资方可以上传个人信息、财务信息等，投资方可以获取这些信息来进行风险评估和投资决策。这样不仅可以提高运作效率，还可以降低信息不对称带来的成本。

（三）提供更加普惠的融资服务

金融作为现代经济发展的重要推动力，不但能够通过发挥资本要素作用，促进实体经济的高质量发展，而且在优化收入分配、缩小贫富差距等方面具有重要作用。

站在金融的角度看，要真正推动乡村振兴，就要先改变过去农村经济主体受制于以间接融资为主的金融体系从而融资难的情况，让农民增收的道路更顺畅。而加快推进普惠金融的发展正是引导社会资源更精准流向“三农”，提升其金融可获得性的有效途径。

乡村普惠金融是指立足机会平等要求和商业可持续原则，通过整合各类金融资源，以可负担的成本为有金融服务需求的乡村群体提供适当、有效的金融服务，加大对乡村的支持力度，促进乡村经济发展的一项重要举措。乡村普惠金融的提出主要是为了解决农民群众生产生活中遇到的融资难问题，提高乡村的金融服务水平，改善乡村的经济结构，实现乡村振兴。

近年来，我国大力推进普惠金融发展，积极支持小微企业、个体工商户等市场主体发展，取得了显著成效。在遍布城乡的人工网点、自助网点基础上，我国银行进一步下沉服务重心，深入乡镇农资店、小卖部等高频交易场所，设立惠农服务点，打造农户身边的“微型银行”；我国银行还依托互联网技术，在银行客户端、微信公众号、第三方软件上加载农户贷款申贷入口，让信贷服务触手可及，畅通农村普惠金融服务“最后一公里”。

（四）提供更加个性化的融资服务

数字金融作为新型金融服务模式，相较传统金融，具有个性化的特点，可以为乡村企业提供更加个性化的融资服务和支持。

1. 产品多样化

数字金融平台为乡村企业提供了多样化的融资产品和服务，如小额贷款、供应链融资、股权融资等。乡村企业可以根据自身的实际需求对这些产品和服务进行定制，使融资更加符合企业实际情况，降低融资风险。

以小额贷款为例，传统金融机构往往只提供固定额度的贷款产品，难以满足乡村企业的小额融资需求；而数字金融平台可以提供小额贷款产品，企业可根据实际情况进行定制，提高了贷款的适配性和可用性。

2. 风险评估个性化

数字金融平台可利用大数据技术、人工智能等对融资对象进行风险评估，从而可以对不同企业进行个性化的风险评估和定价，降低了融资成本。同时，数字金融平台可以为企业提供定制化的风险管理方案，帮助企业降低风险，提高融资成功率。

以供应链融资为例，数字金融平台可以通过对供应链上下游企业的关系进行分析，为企业提供更加个性化的融资方案，提高融资效率和成功率。

3. 服务个性化

数字金融平台可以为乡村企业提供个性化的服务，如投融资咨询、财务顾问等。企业可以根据自身的实际需求对这些服务进行定制，从而更好地规划融资策略和发展战略，提高企业的竞争力。

以投融资咨询为例，数字金融平台可以根据企业的发展阶段和融资需求，为企业提供个性化的咨询服务，包括融资方案设计、投资者匹配、融资谈判等，帮助企业实现快速融资和可持续发展。

4. 客户体验个性化

数字金融平台可以通过技术手段实现客户体验的个性化。例如，数字金融平台可以根据客户的喜好和行为记录向用户推荐适合的产品和服务，提高客户的满意度。

5. 营销策略个性化

数字金融平台可以根据不同的企业特点和融资需求，为企业提供个性化的营销服务，帮助企业吸引更多的投资者和支持者。例如，数字金融平台可以通过社交媒体宣传企业项目，提高企业的曝光率和知名度；

数字金融平台还可以根据企业的发展阶段和融资需求，采取不同的营销策略，提高企业的融资成功率。

二、数字金融为乡村产业创新发展提供支付结算服务

数字金融不仅可以为乡村产业提供多元化的融资服务，还可以为乡村产业提供支付结算服务。在传统金融体系中，支付结算往往是以实体银行为主要服务提供方，但是数字金融通过互联网、移动设备等，可以为乡村产业提供更加便捷、高效、安全的支付结算服务，从而支持乡村产业的创新发展。

（一）在线支付

随着互联网和移动设备的普及，数字金融成为乡村产业发展的新动能。数字金融通过在线支付服务，可以为乡村产业提供更加便捷、高效的支付方式，促进交易活动的快速发展，提高企业的竞争力和市场份额。具体来说，数字金融的在线支付服务有以下几个方面的优势。

1. 跨地区、跨行业的支付和结算

数字金融的在线支付服务不受地域限制，可以实现跨地区、跨行业的支付和结算，大大拓宽了乡村产业的市场空间和销售范围。

2. 便捷的支付方式

数字金融的在线支付服务可以通过移动设备和互联网实现支付和结算，方便快捷，提高了支付效率和客户的满意度。传统支付方式需要到实体银行办理，需要花费时间和费用，不利于企业的发展。而在线支付可以随时随地进行，不需要排队等候，可以大大提高企业的运营效率。

3. 安全的支付保障

数字金融平台采用多层次的风险控制机制，为乡村企业提供安全的支付保障。传统支付方式存在安全风险，如现金的丢失、银行卡的盗刷等问题。数字金融平台的在线支付通过风险评估、身份认证、安全加密

等措施，保障了支付的安全性。

4. 多样化的支付方式

数字金融的在线支付服务提供多样化的支付方式，包括网银支付、第三方支付、移动支付、快捷支付等。对这些支付方式，企业可以根据自身实际需求选择，从而提高支付的灵活性和适应性。

5. 费用低廉

数字金融的在线支付服务费用相对较低，可以大大降低企业的融资成本。使用传统支付方式需要到银行线下网点进行办理，需要支付较高的手续费。而数字金融平台的在线支付服务费用相对较低，可以为乡村企业提供更低成本的支付服务。

（二）电子商务支付

电子商务支付是数字金融为乡村企业提供的一项重要服务，它可以为企业提供更加便捷、安全的支付方式，也可以为企业拓宽销售渠道，促进企业的创新发展。具体来说，数字金融的电子商务支付服务除了方便快捷、有安全保障，还有以下几个方面的优势。

1. 适应多元化的销售渠道

电子商务支付可以适应乡村产业多元化的销售渠道，拓宽市场空间和销售范围。乡村产业通常面临市场较小、销售渠道单一的问题，电子商务支付能够适应企业各种在线销售渠道，使得企业的销售渠道更加多元化，实现销售额的提高。

2. 便于管理支付数据

数字金融的电子商务支付服务可以提供方便管理的支付数据，企业可以随时查看支付记录、销售数据等，进而更好地进行销售和财务管理，提高管理效率和决策精准度。

3. 定制化的支付解决方案

数字金融平台可以为不同的乡村企业提供定制化的电子商务支付解

决方案。方案根据企业的实际需求进行定制，能够提高支付的适应性和灵活性。不同的乡村企业有不同的销售模式和需求，数字金融平台可以为不同的乡村企业提供不同的支付解决方案，帮助乡村企业实现更加精准、高效的销售和支付。例如，对于传统的农产品销售企业，数字金融可以提供一站式的电商平台解决方案，包括在线展示、订单管理、支付结算等功能，帮助农产品销售企业完成从生产到销售的全链路服务；对于小微企业，数字金融可以提供简便快捷的移动支付解决方案，帮助小微企业快速实现在线销售和支付；对于有特殊需求的企业，数字金融可以提供定制化的支付方案，满足企业的特殊需求，使得企业的支付服务更加高效、便捷。

（三）移动支付

移动支付是指通过移动客户端，利用手机等电子产品来进行电子货币支付。数字金融可以为乡村企业提供移动支付服务，通过移动设备实现快速、便捷的支付和结算。移动支付可以帮助企业提高支付效率和客户满意度，也可以提高企业的运营效率和市场竞争力。数字金融还可以为企业提供移动支付解决方案，满足企业的支付需求，帮助企业实现创新发展。

数字金融的移动支付服务特有的优势包括以下三个方面。

1. 无现金化支付

移动支付是无现金支付的一种形式，使用移动设备进行支付和结算能够避免现金交易带来的安全隐患。在乡村产业中，现金支付通常存在资金流转难、安全风险高等问题，而移动支付可以有效解决这些问题，提高企业的支付效率和资金管理效率。

2. 智能化的支付服务

数字金融平台可以为乡村企业提供智能化的移动支付服务，根据用户的支付习惯和历史记录进行个性化推荐和提供定制化服务。移动支付可以通过人工智能进行智能化分析和处理，提高支付的精准度和效率，为乡村企业提供更加优质的支付服务。

3. 多场景的支付支持

移动支付可以支持多种场景下的支付和结算，如线上支付、线下支付、移动POS支付等，企业可以根据实际需求进行选择。

（四）跨境支付

随着经济全球化进程的加快，越来越多的企业需要进行跨境交易。数字金融可以为乡村企业提供跨境支付服务，通过互联网和移动设备实现跨国家、跨地区的支付和结算，拓宽乡村企业的市场空间和销售范围。以下是数字金融的跨境支付服务的优势。

1. 跨越国界的支付和结算

数字金融的跨境支付服务可以帮助企业实现跨越国界的支付和结算。传统金融机构的跨境支付和结算服务通常需要较长时间，且费用高昂、效率低下。而数字金融的跨境支付服务使企业可以通过互联网和移动设备进行在线支付和结算，不受地域限制，大大提高了支付和结算的效率。

2. 减少汇率损失

数字金融的跨境支付服务可以通过提供实时汇率转换功能来帮助企业减少汇率损失。进行传统跨境支付时通常需要等待一段时间才能进行汇率转换，这段时间内的汇率波动会给企业带来损失。而数字金融平台的跨境支付服务可以实时进行汇率转换，企业就可以根据实时汇率进行支付和结算，避免了汇率波动带来的风险和损失。

3. 促进企业的国际化发展

数字金融的跨境支付服务可以为企业提供更加便捷、安全、高效的支付服务和结算服务，促进企业的国际化发展。数字金融平台可以为企业提供专业的跨境支付解决方案，帮助企业更好地发展跨境交易。

举个例子，某农产品企业在国外市场有一批固定的客户，但传统跨境支付的费用和时间成本较高，影响了企业的经营效率。通过数字金融平台的跨境支付服务，该企业可以使用互联网和移动设备进行在线支付和结算，不受地域限制，减少了汇率损失，提高了经营效率和国际竞争力。

（五）结算服务

随着经济的发展和企业的不断壮大，结算服务变得越来越重要。传统金融机构往往需要通过实体银行进行结算，需要时间、成本且手续烦琐。而数字金融平台可以为企业提供更加便捷、高效的结算服务，提高企业的财务管理效率。以下是数字金融的结算服务的优势。

1. 实时结算和资金清算

数字金融的结算服务可以实现实时结算和资金清算。传统金融机构的结算需要通过实体银行进行，时间较长，费用较高。而数字金融的结算服务可以通过互联网和移动设备进行，从而大大提高了结算的效率和便利性。企业可以随时随地进行结算和资金清算，方便快捷，节约了时间和成本。

2. 安全可靠的结算保障

传统结算方式存在安全风险，如支付信息泄露、非法交易等问题。而数字金融平台通过多层次的安全保障，能保障结算和资金清算的安全性。

3. 低成本的结算服务

数字金融的结算服务可以大大降低结算的成本。传统结算需要通过实体银行进行操作，手续费用高昂。而数字金融的结算服务可以通过互联网和移动设备进行，手续费用较低，可以大大降低结算的成本。而且，数字金融平台可以为企业提供各种结算方式，企业可以根据实际需求选择最优方案，降低结算成本。

4. 高效便捷的结算方式

数字金融的结算服务可以提供多种结算方式，包括网银转账、第三方支付、移动支付等。企业可以根据实际需求进行选择，从而提高结算的灵活性和适应性。

三、数字金融为乡村产业创新发展提供金融创新产品和服务

（一）资产证券化

资产证券化是一种将现有资产转化为证券的融资方式。数字金融可以通过资产证券化方式，为乡村企业提供融资服务。相较传统的融资方式，资产证券化具有更好的流动性和灵活性，可以更好地满足乡村企业的融资需求。

例如，某乡村企业需要融资购买新的农业设备，但传统融资方式手续烦琐、时间成本高昂。通过数字金融的资产证券化，该农业企业可以将其现有的农业设备进行打包，发行证券进行融资。这样该农业企业既能获得融资资金，又能保留现有的农业设备，提高了资产利用效率。

（二）债券融资

债券融资是一种通过发行债券来融资的方式。数字金融可以通过债券融资方式，为乡村企业提供更加多元化和灵活的融资渠道。债券融资具有成本低、融资期限长等优势，能够更好地满足乡村企业的长期融资需求。

假设某乡村企业需要进行扩张，但资金短缺，需要通过融资扩大业务规模。通过数字金融的债券融资，该企业可以发行债券，获得融资资金，用于业务扩张和发展。债券融资可以降低企业的融资成本，同时可以为投资者提供长期、稳定的投资回报。

（三）农业保险产品

农业保险是指专为农业生产者设立的，在种植业和养殖业生产过程中，对自然灾害和意外事故造成的经济损失提供保障的一种保险。数字

经济时代，保险公司可以更加精准地评估农业风险。通过收集和分析农业生产的数据，如气象数据、土地数据、水资源数据等，保险公司可以预测气象灾害、疫病、虫害等对农业产业链的影响，提供基于风险的保险产品。同时，农民参与农业保险的积极性能够得到提高。通过数字化平台，如移动应用程序等，农民可以便捷地购买保险产品，而且理赔速度更快，甚至可以实现实时赔付，这能够提升农民对农业保险的信任感和认可度，促进乡村金融服务业的发展。

（四）乡村理财产品

数字经济时代，乡村金融机构可以通过金融科技手段为乡村居民提供多元化的理财产品，如货币基金、债券基金等，吸引广大乡村居民参与金融理财，提高乡村居民的资产收益，为乡村经济发展注入新鲜血液。

（五）乡村金融知识普及

我国越来越重视“三农”问题，各种强农惠农政策不断发布，推动了乡村经济的发展。同时，政府、金融机构等积极宣传金融理财知识，引导乡村居民进入金融市场。然而，乡村居民拥有的投资理财知识较少，对于金融兴趣较低，一些金融服务难以被充分利用。这不仅影响了乡村经济的发展，还可能造成乡村居民的损失。因此，各方要重视乡村金融知识的普及。

首先，数字媒体为乡村居民了解金融知识提供了便利手段。数字媒体是指以二进制的形式记录、处理、传播、获取过程的信息载体，如数字化的文字、图形、图像、声音、视频影像等，具有传播速度快、传播范围广等特点，可以有效地促进乡村金融知识的普及和推广。政府可以通过网络平台发布文章、视频等，向乡村居民推广金融知识，提高他们的金融意识和素质。

其次，乡村金融机构可以提供数字化培训服务，如网络课程等，提高金融从业人员的业务水平和服务能力，让他们更好地掌握金融知识和技能，提高服务水平。同时，数字化培训是一种更加灵活和便捷的培训方式，可以为金融机构减少培训成本和时间。

最后，乡村金融机构可以开发适合乡村居民的金融产品和服务，在销售产品和服务的过程中让乡村居民了解和学习金融知识。数字金融产品和服务还可以帮助乡村居民更好地管理和使用金融资源，提高乡村金融服务水平。

第三节　数字技术促进降本增效

随着数字技术的不断发展和普及，越来越多的数字技术开始应用于乡村产业，为乡村产业带来了降本增效的机会。

一、物联网技术

物联网技术可以给企业带来许多便利，使企业实现智能化、自动化的管理和控制，有助于企业降低成本、提升生产力和竞争力。其中，物联网技术在乡村产业的应用可以为乡村产业提供更加科学、智能、高效的方案，实现降本增效。

（一）智能农业

传统农业生产往往需要大量人工进行管理和监测，效率低下，成本高昂。而物联网技术可以自动控制和管理农业生产过程，提高生产效益，节省生产成本。例如，智能农场可以通过无线传感器网络实时监测农作物的生长情况和土壤水分、温度等环境参数，并自动控制灌溉、施肥等农业生产过程。这种数字化的农业生产方式不仅提高了农作物的产量，还节省了劳动力，降低了生产成本。

（二）智能物流

利用物联网技术，物流企业可以实现设备和设施的智能化，从而实现对货物运输、存储等信息的实时监测和控制。例如，在仓储环节，物流企业可以通过物联网传感器对货物的重量、数量、温度等信息进行实时监测，并将这些数据上传至云平台。

此外，物联网技术还可以实现对物流车辆的监控和管理，提高物流运输效率和服务质量。例如，在运输环节，物流企业可以通过物联网传感器对车辆的位置、运行状态等信息进行实时监控，并将这些数据上传至云平台，从而实现对物流车辆的实时调度和管理。

（三）农产品溯源

政府和企业可以通过物联网技术对农产品生产、流通、销售等环节进行监控和管理，实现农产品的全程追溯和质量控制，减少农产品的安全隐患。例如，政府和企业可以利用物联网技术建立农产品追溯体系，通过在农产品上贴射频识别标签或者二维码等信息标识，记录并管理农产品的生产、加工、流通、销售等环节，提高农产品的安全性。

（四）智能畜牧业

物联网技术可以实现对畜牧业的数字化管理和监控，提高养殖效率，保障动物的健康状况。相关企业可以通过物联网传感器监测动物的体温、饮食等参数，实现对动物的实时监控和管理，并通过大数据分析预测动物的健康状态和生长情况，提高畜牧业的生产效率。

二、大数据技术

（一）大数据技术对乡村产业的作用

1. 降低生产成本

大数据技术通过对各种数据的收集、整合和分析，能够有效地降低乡村企业的生产成本。大数据技术还可以优化乡村企业的供应链管理。

通过运用大数据技术对供应链各环节的数据进行分析，乡村企业可以更好地掌握市场需求变化，及时调整生产计划，确保产品的供应与需求保持平衡。这样不仅可以减少库存积压，降低仓储成本，还可以避免供应不足导致的损失。同时，大数据技术可以为乡村企业提供更为精确的能源管理。通过运用大数据技术对能源使用情况、设备运行状况、能源价格等方面的数据进行分析，乡村企业可以发现能源使用中存在的浪费和潜在节能措施，从而节约能源、降低成本。在服务业中，大数据技术的应用可以帮助企业更好地了解客户需求，为客户提供个性化服务。这有助于提高客户的满意度、忠诚度，从而降低客户获取成本。以乡村旅游业为例，大数据技术可以分析游客的旅游需求、消费习惯、喜好等信息，从而为乡村旅游业提供精准的市场定位和营销策略。这有助于乡村旅游业吸引更多游客，提高旅游收入，降低营销成本。

2. 提高生产效率

大数据技术在提高乡村企业生产效率方面发挥着重要作用。通过对海量数据的收集、整合和分析，乡村企业可以在各个生产环节找到优化的空间，从而提高生产效率。

以农产品加工为例，企业利用大数据技术可以对原料采购、生产过程等各个环节进行实时监控和分析。在原料采购阶段，通过分析历史数据和市场动态，企业可以更好地预测市场需求，合理安排原料采购，以确保生产的稳定进行。在生产过程中，企业利用大数据技术可以实时监控生产线的运行状态，通过对设备数据、能耗数据等进行分析，及时发现生产过程中的异常，从而采取相应的措施，确保生产线的稳定、高效运行。同时，大数据技术可以为企业提供智能化的生产调度方案，使生产过程更加精细化和自动化，进一步提高生产效率。

3. 保障产品的质量安全

通过对各种生产数据、质量检测数据及市场反馈数据的收集、整合和分析，乡村企业可以实现对产品质量安全的全面监控，从而及时发现问题，采取措施，确保产品的质量和安全。

首先，大数据技术可以提供全面的风险预警。通过收集和分析来自各个环节的数据，企业可以发现潜在的质量安全风险，并及时采取措施。这有助于降低产品质量事故的发生率，保障消费者的利益。

其次，大数据技术可以实现对产品质量的精细化管理。通过对生产过程中产生的质量检测数据进行深入分析，企业可以发现潜在的质量问题，从而针对性地进行改进。这有助于提高产品的质量，满足消费者对高品质产品的需求。

最后，大数据技术可以协助企业实现对客户反馈的快速响应。通过对市场反馈数据进行实时分析，企业可以及时了解消费者对产品的评价和意见。这有助于企业迅速采取措施提升产品质量，提高消费者的满意度。

（二）大数据技术的应用

当前，大数据技术在乡村各类产业中的应用已经变得越来越重要。以水产养殖业为例，大数据技术在环境监测、疾病防控、饲料管理领域的应用如下。

1. 环境监测

环境监测在水产养殖中至关重要，原因是养殖生物的生长、繁殖和健康状况与养殖环境密切相关。大数据技术在环境监测方面的应用能够帮助养殖户更加精确地掌握养殖环境的实时状况，从而做出合理的决策，以维持最佳养殖条件。

首先，通过部署各种传感器可以实时收集养殖水体的各项参数，如水温、溶氧量、pH 值、氨氮含量、亚硝酸盐含量等。这些数据对评估养殖环境具有重要意义。应用大数据技术将这些数据上传到云端后，养殖户可以随时随地查看养殖环境的状况，以便根据实际情况调整养殖管理措施。

其次，通过大数据分析可以识别养殖环境中的异常情况。例如，通过对历史数据进行对比分析，养殖户可以发现水质突变、氧气供应不足等问题。对于这些异常情况，养殖户可以及时采取措施进行调整，降低养殖风险。

最后，大数据技术可以用于环境预测。利用大数据技术，结合气象数据等，可以预测未来一段时间内养殖环境的变化趋势。这有助于养殖户提前做好准备，避免环境突变而导致的养殖损失。

2. 疾病防控

疾病暴发可能导致大量养殖生物死亡，从而给养殖户带来巨大的经济损失。大数据技术在疾病防控方面的应用能够帮助养殖户提前发现疾病风险，采取有效的预防和控制措施，降低养殖风险。

首先，大数据技术可以通过分析历史疾病数据、养殖环境数据、养殖生物种群信息等多维度数据，预测疾病的发生概率和影响范围。这有助于养殖户提前采取措施，如调整养殖密度、增加水体循环频次、改善饲料品质等，以降低疾病风险。

其次，大数据技术可以帮助养殖户实时监测养殖生物的行为和生理状况。例如，通过对养殖生物的活动规律、摄食量、生长速度等参数进行实时分析，养殖户可以发现疾病初期的迹象，从而及时采取治疗措施，避免疾病蔓延。

再次，通过利用大数据技术，分析疾病与养殖条件、饲料成分、养殖技术等多种因素之间的关系，养殖户可以找出疾病发生的原因和规律，进行针对性的防治。

最后，大数据技术可以协助养殖户选择更有效、更安全的药物和治疗方法。大数据技术对药物成分、剂量、疗效等方面数据的分析可以为养殖户提供合适的用药建议，从而减少药物残留，降低风险。此外，大数据技术还可以帮助助养殖户识别不同病原体对不同药物的敏感性，从而为制定个性化的治疗方案提供帮助。

3. 饲料管理

饲料不仅直接影响养殖生物的生长和健康状况，还会对养殖水体的水质产生重要影响。大数据技术可以有效帮助养殖户精确掌握饲料需求，提高饲料利用率，降低饲料成本以及减少对环境的影响。

在饲料配方优化方面，大数据技术对大量养殖生物的生长数据、养殖条件等信息进行分析，可以为养殖户优化饲料配方提供支持。这样，养殖户可以根据养殖生物的生长阶段、品种特点等实际情况，选择合适的饲料配方，满足不同养殖生物的营养需求。

在饲料投喂策略制定方面，大数据技术可以分析养殖生物的摄食行为、生长速度、繁殖密度等，为养殖户提供精准的投喂策略。例如，根据养殖生物的生长阶段、体重、摄食量等数据，大数据技术可以计算出合适的饲料投喂量，从而避免过量投喂导致的饲料浪费和水质恶化。

在饲料质量监测方面，大数据技术对饲料成分、生产工艺、保存条件等方面进行分析，可以帮助养殖户监测饲料质量，从而能够及时发现问题并采取措施。这有助于确保饲料的安全性和营养价值，保障养殖生物的健康。

在饲料成本控制方面，大数据技术可以为养殖户提供关于饲料市场的实时信息，如价格波动、供应情况、竞争状况等。通过利用大数据技术对这些信息进行分析，养殖户可以采取合适的采购策略，降低饲料成本。

三、人工智能

以农业为例，人工智能可以帮助农业生产者更加准确地了解农业生产的规律和趋势，从而做出更加科学、准确的生产决策，进而降低生产成本，提高生产效率，促进乡村产业发展。

（一）智能农业生产

人工智能通过对农作物生长环境进行监测和控制，可以完成智能化的灌溉、施肥等农业生产过程，从而提高农业生产效率。例如，机器视觉技术可以自动识别农作物的生长情况和病虫害情况，从而实现智能化的病虫害预防和处置。

（二）精准农业决策

利用人工智能对农业生产数据进行分析和建模，企业可以发现农业生产的规律和趋势；利用人工智能对气象数据、土壤数据、农作物生长数据等进行分析，企业可以更加准确地预测气象变化情况、农作物生长情况和病虫害发生情况等。例如，机器学习技术可以分析和了解不同气象因素对农作物生长的影响，为农户提供更加科学的灌溉和施肥方案。

（三）智能农机装备

人工智能可以实现对农机的自动化控制和智能化操作，进而提高农机的作业效率，降低其运行成本和能耗。例如，自动驾驶技术可以实现农机的自动驾驶和智能化调度。

（四）智能营销服务

人工智能可以实现智能化的营销服务。例如，大数据分析技术可以对消费者的购买行为和偏好进行分析，从而推荐更加符合消费者需求的农产品和服务；自然语言处理技术可以进行智能化的客户服务和反馈，提高客户的满意度和忠诚度。

四、云计算

云计算是一种基于互联网的计算方式，通过将计算、存储和网络资源进行虚拟化和集中化管理，为用户提供弹性、高效、可靠的计算服务。

乡村企业利用云计算，可以在以下几个方面实现降本增效。

（一）资源共享与优化利用

在乡村产业发展中，云计算可以为农业生产者提供更加灵活和高效的资源管理方式。一方面，通过云计算，农业生产者可以将多个农田的气象数据、土壤数据等进行整合和共享。通过数据整合和共享，农业生产者可以更加全面和准确地进行农业生产数据分析，发现不同农田的生产特点和问题，做出科学的农业生产决策。另一方面，通过云计算，农业生产者可以减少资源的浪费和闲置，提高资源的利用效率。

（二）降低成本与提高效率

利用云计算，乡村企业可以降低成本和提高生产效率。一方面，乡村企业可以订阅云计算服务，将计算和存储资源的管理和维护工作交由云服务提供商，从而避免购买昂贵的计算和存储设备，减少维护和管理的成本；另一方面，乡村企业可以通过云计算存储、分析和管理气象数据、土壤数据等农业生产数据，提高计算和存储的效率，加快数据的处理和分析速度，从而提高农业生产的效率。

（三）数据备份与数据安全

云计算可以为乡村企业提供安全可靠的数据备份和管理方案。一方面，通过云计算，乡村企业可以将重要的数据备份到云端，避免数据丢失和损坏；另一方面，云计算提供了各种安全技术，如数据加密、身份验证、防火墙、安全监控等，保证了用户数据的安全。

第四节　数字平台拓宽服务渠道

数字平台是一种基于互联网和信息技术的服务平台，通过集成各种资源，为用户提供多元化、便捷和高效的服务。数字平台可以拓宽乡村企业服务渠道，提高乡村企业的服务水平，促进乡村产业发展。

一、数字平台的分类

目前，数字平台在拓宽乡村企业服务渠道方面起着越来越重要的作用。下面列举几种数字平台。

（一）乡村电商平台

乡村电商平台是通过互联网技术和物流配送网络，将乡村的农产品推销到全国各地，拓宽了农产品的销售渠道。目前，阿里巴巴和京东旗下的乡村电商平台已经成为农产品销售的重要平台。

乡村电商平台的功能如图 3-1 所示。

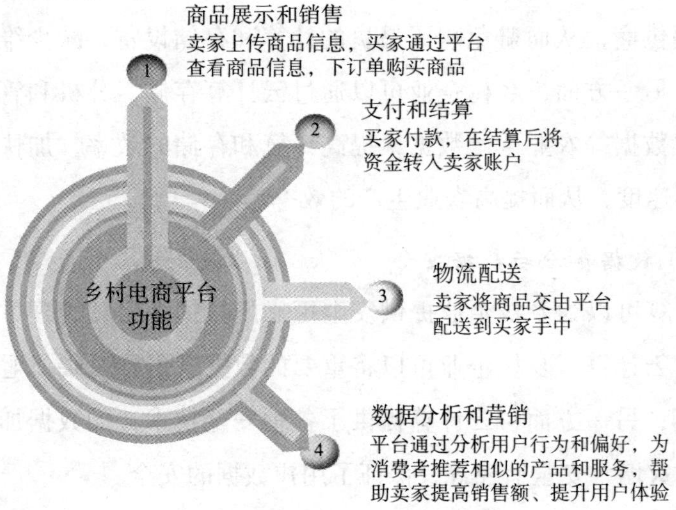

图 3-1　乡村电商平台功能

在乡村电商平台的支持下，一根网线连通城乡，让分散的小农户对接大市场，打通了农产品销售及进城通道，催生出致力产销无缝对接的新模式，实现了农产品“前端”与消费者“末端”的快速对接。流量变成“新农资”，直播成了新农事，电商销售成为农产品销售的重要渠道，也成为农民增收的新支撑，为农村经济和产业发展持续注入活力。

例如，位于重庆两江数字经济产业园的“村村旺”电商平台是由重庆市供销合作总社牵头建设的乡村电商综合服务平台，2019 年上线以来，“村村旺”电商平台先后荣获“重庆市 2020 年十大互联网平台”“2022 重庆数字乡村十佳示范案例”等多项殊荣。该平台上游组织基层社、综合服务社等涉农供应商入驻平台，下游与全国农产品采购商对接，撮合形成稳定的产需对接关系及信息交互渠道，并利用大数据、互联网等信息化手段，打造了涉及农产品流通各关键环节的系统矩阵，促进农产品流通线上线下融合发展。“村村旺”电商平台一直推行大宗生鲜订单农业模式，该模式变传统的“先种植再售卖”为“先签约再种植”，避免了市场波动和销售渠道不固定导致的农产品价格不稳定的情况。

（二）智慧农业大数据平台

智慧农业大数据平台是集多年的农业种植经验，利用物联网、云计算、人工智能、大数据等现代先进信息技术成果，以数据监测、远程控制为核心的管控平台。该平台可以与农业机械中多种硬件搭配使用，实现对区域内病虫情、墒情、苗情、灾情等的全方位管理和把控，帮助人们更好地消除传统农业中的弊端。智慧农业大数据平台主要包括以下几项功能。

1. 数据管理

农业园区内的各项环境参数会实时显示在智慧农业大数据平台，数据直观可见，有多种展示方式，园区管理人员可以根据实时数据对园区进行综合管理，解决区域大、查看难、人员杂等问题。园区内的各项数据会自动存储于“历史数据”中，园区管理人员可以直接查看这些数据，并生成不同时间段的报表，方便数据对比。

2. 报警功能

当正常工作的设备突然离线时，当土壤水分低于所设阈值时，当电量过低会影响后续工作时，智慧农业大数据平台都会以电话、短信、邮件等形式向园区管理人员发出警报，以便园区管理人员及时查看。

3. 其他功能

除上述主要功能外，智慧农业大数据平台还有大棚 / 户外区域管理、大屏可视化、产品溯源、系统管理等功能，可以贯穿智慧农业从生产、销售到售后的整个过程。

智慧农业大数据平台的应用场景包括但不限于水产养殖园区、温室种植园区、畜牧业养殖园区、水果种植园区、家庭农场等，通过软硬件的自由搭配，可实现轻松部署，全方位管理，农业数字化、自动化。

例如，青岛市智慧农业大数据平台采用“1+1+1+N”模式（一个大数据中心，农业农村一张图，一个监管服务系统,N 个数字化应用场景），围绕数据资源的“聚”“通”“用”，深入推进大数据在精准生产、质量监管、态势感知、综合分析、预警预测、辅助决策等方面的智慧应用。

“聚”：青岛市智慧农业大数据平台利用大数据中心的采集汇聚系统、分析管理系统和共享服务系统，实现了全市农业农村数据的汇聚、清洗、治理和共享。

“通”：利用数据中心共享服务系统，通过页面配置的方式，青岛市智慧农业大数据平台实现了和山东省农业农村厅、山东省畜牧兽医局、青岛市自然资源和规划局、青岛市行政审批服务局、青岛市司法局、青岛海关等多个单位的数据对接共享，打破了数据壁垒。

“用”：青岛市智慧农业大数据平台建设“农业一张图”，将农业农村数据资源落图管理，宏观掌握青岛市农业农村情况，为部门发展、规划、决策、监管提供数据支撑；打造“智慧畜牧”和“智慧农安”数字化应用场景，实现农产品、畜产品、农业投入品的闭环管理，紧紧守牢农业生产全环节安全底线。

青岛市农业农村局将切实发挥大数据平台支撑保障功能，强化大数据与乡村振兴的深度融合，助力农业产业转型升级，推动农业生产智能化、农业经营管理高效化、农业信息便捷化，为乡村振兴战略的实施提供有力支持。

（三）乡村旅游平台

乡村旅游平台集成了乡村旅游资源，包括景点、农家乐、民宿、餐饮等，旨在为游客提供乡村旅游的信息查询、预订、导航、体验等全方位服务，让游客可以更加便捷、舒适地体验乡村旅游。

乡村旅游平台的主要功能如图 3-2 所示。

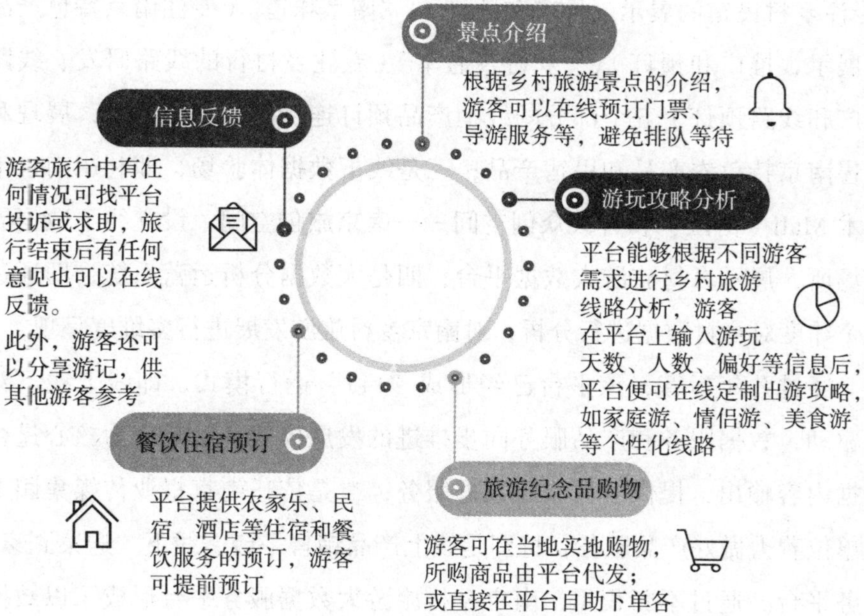

图 3-2 乡村旅游平台的主要功能

面对不断扩大的美丽乡村旅游版图，政府部门、社会各界、游客对乡村旅游发展的需求、目标不断提高，充分利用数字技术打造乡村专属智慧旅游服务平台成为重要突破口。

以南京乡村旅游大数据服务平台为例，该平台由南京市文化和旅游局进行业务指导，南京报业传媒集团负责具体实施工作，于 2017 年 9 月启动，2018 年 5 月正式上线。

南京乡村旅游大数据服务平台由四个核心模块组成，搭建了一个完整的生态系统：一是线上数据频道，即依托南京报业传媒集团旗下紫金山新闻客户端，展示乡村旅游大数据，输出乡村旅游数据报告，报道乡村热门活动，探访乡村建设成就；二是线上预订平台，即在紫金山新闻客户端上设置专门服务通道，通过“热力活动”“特色乡村”“借宿金陵”（专注乡村民宿的展示、推广和预订）、“南京味道”（专注南京特色产品的展示、推广和预订）、“乡村直通车”（专注乡村行的线路研发、线路推广和线路预订）五个部分的线上产品预订连接商户和消费者，展现和销售南京特色农产品和民宿产品；三是线下数据体验场，即利用南京市艺术 Mall（街区）和省级众创空间——南京旅创空间，设立线下数据展示场所，展示乡村旅游大数据平台；四是大数据分析运营系统，即通过多个纬度对乡村数据进行分析，对南京乡村旅游发展进行多维度呈现。

经过几年运营，该平台已经形成“1+1”运行模式，即线上线下双轮驱动，数据服务和产品服务同步推进的发展模式：一是作为核心进行数据内容输出，提供乡村旅游数据服务；二是依托南京报业传媒集团下属单位着力做好产品服务，特别是线上产品销售平台、线下“送菜到家”服务平台。通过不断积累，南京乡村旅游大数据服务平台形成了以数据服务为中心，由数据和业务平台构建的数据闭环运营体系，实现了自我“造血”功能。平台通过移动运营商、南京报业传媒集团旗下紫金山新闻客户端和文旅社现有会员系统等采集乡村旅游数据，同时运用技术手段对数据进行系统化监测、统计、分析，并将结果应用于乡村旅游管理、服务、营销等多个方面。

二、数字平台的服务优势

（一）资源整合与配置

数字平台在优化乡村振兴资源整合与配置方面发挥着关键作用。通过对各类资源的高效整合和合理配置，数字平台有助于乡村产业可持续发展，从而推动乡村振兴。

一方面，数字平台可以整合乡村产业链，优化产业结构。通过对各产业链环节的实时监控和协同管理，数字平台可以整合不同产业链的资源，促进产业链的协同发展；也可以发现产业链中的问题，提出解决方案。这有助于乡村产业高效发展，提高整体效益。数字平台还可以通过数据分析和挖掘，发现乡村产业发展的新机遇和潜力，促进产业创新和升级。例如，通过数字平台，不同乡村产业可以实现资源互通，从而促进产业协同和融合。

另一方面，数字平台可以优化土地、劳动力、资金等关键资源的配置。通过对这些资源的合理调度，数字平台可以实现资源的最优利用，减少浪费。例如，数字平台可以通过土地流转、土地共享等方式对土地资源进行优化配置，以实现规模化、现代化的农业生产；数字平台可以通过在线培训提升劳动力资源的能力和素质，使其更好地适应新兴产业发展的需求；数字平台可以通过金融服务、融资支持等渠道将资金资源更加精准地投入产业发展中。这些优化举措有助于提高乡村企业的竞争力，为乡村振兴提供有力支撑。

（二）信息交流与传播

数字平台可以通过信息交流和传播，为乡村企业提供更加便捷和高效的信息服务，提高乡村企业的影响力和市场竞争力。具体来说，数字平台具有以下优势。

1. 多渠道信息传播

数字平台可以通过多种方式传播信息，包括发布文字、图片、视频和进行直播等，扩大信息传播范围和受众群体，将信息可视化。例如，在乡村旅游方面，数字平台可以通过直播、短视频等方式展示乡村旅游景点，吸引更多游客前来旅游；在农业生产方面，数字平台可以通过文字、图片、视频等方式传播农业技术、介绍农产品等，提高农产品的市场竞争力。

2. 定向信息推送

数字平台可以通过大数据分析和人工智能等技术，为用户推送定向信息，提高信息推送的精准度。例如，在乡村产业发展方面，数字平台可以通过分析用户的浏览历史、搜索记录等信息，为用户推荐符合其需求的内容和服务，提高用户的满意度。

3. 开放性信息共享

数字平台可以实现信息的开放共享，促进产业协同和融合，提高资源的利用效率。例如，在农业生产方面，数字平台可以将不同农户的农产品信息进行整合和共享，促进农产品的流通。

4. 即时互动和反馈

数字平台可以实现即时互动和反馈。例如，在乡村旅游方面，通过数字平台，游客和景区管理者之间可以即时沟通和反馈，进而提高游客的体验感和景区服务水平；在农业生产方面，通过数字平台，农业生产者之间可以即时互动，分享生产经验和技术，进而提高农业生产效率。

（三）服务创新

数字平台的发展有利于创新服务，为乡村产业提供多元化、实时化、数字化、智能化、定制化的平台服务，从而推动乡村产业转型升级和可持续发展。数字平台的服务创新特点如图 3–3 所示。

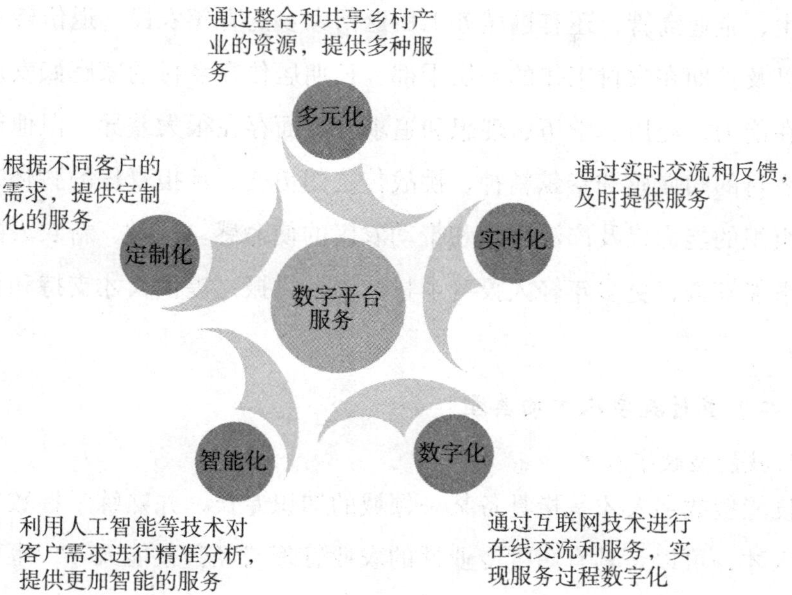

图 3–3　数字平台的服务创新特点

第五节　数字人才投身产业建设

一、乡村数字人才的来源与类型

（一）乡村数字人才的来源

乡村产业发展需要一群具有创新精神的数字人才。数字人才是指具备数字技术背景和技能的人才，他们在推动乡村产业数字化转型的过程中发挥着重要作用。

随着交通条件的改善和互联网的普及，越来越多的人回到家乡，在实现个人价值的同时为家乡发展注入了新活力。当前，一批具有新思维、新形象和新手段的乡村振兴致富带头人涌现出来，他们包括归国留学生、大学生、企业高管，还有进城务工后返回家乡的青年农民、退伍转业军人，以及长期在农村工作的基层干部、长期居住在乡村的家庭妇女。这些人在能力、经历、学历、理想和追求等方面存在很大差异，但他们有着对乡村的归属感和奉献精神、挑战传统的勇气、承担责任的胸怀、领导和组织的能力以及广泛联系和带动农民的使命感。同时，新农人的创富故事能够鼓舞更多年轻人投身乡村，为乡村振兴提供人才支持和智力保障。

（二）乡村数字人才的类型

1. 技能型数字人才

技能型数字人才是指具备某一领域的知识专长，并熟练掌握数字技术的人才，可以是具有高度专业性的农业管理与经营技能人才，也可以是专门从事农业生产的农业人才。

技能型数字人才范围较广，包括积累了一定的工作经验并拥有较高水平的生产经营、管理技术理念的返乡务工人员，从事乡村生产经营活动的高校农林相关专业的大学生，善用数字信息系统的、有能力的乡村工匠，等等。

2. 生产经营型数字人才

生产经营型数字人才是指以家庭生产经营为基本单元，充分依靠乡村社会化服务，开展规模化、集约化、专业化和组织化生产的新型生产经营主体。

生产经营型数字人才主要包括家庭农场主、专业合作社带头人、种植养殖加工人才、农业企业经营者等，他们通常具备数字化思维，赶得上时代的潮流，具备前瞻性的眼光。

3. 社会服务型数字人才

社会服务型数字人才主要是指为了更好地促进农业生产，在农业活动中承担农业专业服务的工作人员。他们具有专业的知识与技能，能熟练运用各种数字信息系统，具有为农业服务的职业精神，是现代农业社会发展中不可或缺的力量，如农业信息员、机械化修理员等。

二、乡村数字人才的作用

（一）有助于乡村产业数字化转型

随着科技的不断发展，数字化已经成为推动经济转型和社会发展的重要力量。乡村产业也需要跟上数字化转型的步伐，提高产业效益。而数字人才作为数字化转型的核心力量，在建立数字化信息系统、优化生产和管理流程、提高乡村产业的竞争力等方面发挥着重要作用，能够为乡村产业提供数字化转型的支持，帮助乡村产业实现数字化转型，促进乡村产业发展。

随着数字经济时代的到来，数字化信息系统已经成为乡村产业发展的必备工具。数字人才可以通过建立数字化信息系统，提高乡村产业的信息化程度，从而提高乡村产业效益。数字化信息系统可以将乡村产业的各个方面进行数字化处理，包括乡村产业的生产、销售、物流等方面，将信息转化为数字化数据，并对这些数据进行管理和分析。数字化信息系统还能够为乡村产业发展提供更加精确和及时的信息支持，并通过数据分析和挖掘，为乡村产业提供更多的商业机会，拓展市场空间。

数字人才在优化乡村产业生产和管理流程方面有着重要作用。以农业生产为例，数字人才发挥着关键作用。他们能运用数字技术，准确地分析气候、土壤等环境因素，为农户提供合适的种植方案，提高农作物产量。同时，数字人才能发现生产过程中可能出现的问题，及时提出解决办法，确保农业生产的稳定和高效。在乡村产业的管理方面，数字人才同样具有重要作用。他们可以根据乡村产业的实际需求，制定合理的管理策略，优化资源配置。此外，他们还能充分运用数字技术，评估管理方案的实际效果，为企业的生产和管理提供改进建议。总之，数字人才是乡村产业生产和管理流程优化的关键，他们通过自身的专业素养和创新能力为乡村产业发展提供智慧支持。

数字人才能够运用专业知识和技能，将先进的理念和技术应用于乡村产业的发展中，提高乡村产业的竞争力，促进乡村数字化转型。首先，数字人才能够充分利用大数据、互联网等，深入挖掘消费者需求和市场趋势，使乡村企业及时调整生产和经营策略，以满足市场需求的变化。这有助于提升乡村产业对市场的敏感性和市场竞争力。其次，数字人才具有敏锐的洞察力和创新能力，他们可以根据市场趋势和消费者需求，为乡村企业提供个性化、差异化的产品设计和方案。这有助于提升乡村产品的附加值，增强其市场竞争力。再次，数字人才可以运用专业技能，协助乡村企业优化产业链，实现上下游企业的协同发展。这能够降低生产成本，提高产品竞争力。最后，数字人才可以运用网络营销等手段，采取有效的宣传推广策略，提升乡村产品的知名度和美誉度。这有助于扩大市场份额，提高乡村产业的竞争力。

（二）为乡村产业注入新活力

数字人才凭借丰富的知识储备、敏锐的洞察力和较强的创新能力，为乡村产业发展注入了新的活力。

1. 推动乡村产业可持续发展

一方面，数字人才可以给乡村产业带来先进的数字技术和管理经验，提高乡村产业从业人员的数字素养和能力。数字技术日新月异，乡村产业从业人员相对缺乏数字技术知识和技能，这限制了乡村产业的数字化转型和发展。数字人才回流可以解决这个问题，他们能够带来先进的数字技术和管理经验，为乡村产业提供全方位的数字化服务和支持，提升乡村产业的竞争力，推动数字技术与乡村产业融合发展。

另一方面，数字人才回流可以给乡村产业带来新的发展方案。数字人才可以通过深入了解乡村产业的实际情况和需求，提供针对性的数字化解决方案，推动乡村产业的数字化转型和可持续发展。

2. 推动乡村地区经济发展

一方面，数字人才可以提高乡村产业效益。在数字人才的主导下，数字技术的应用可以提高生产效率和产品质量，让乡村产业实现智能化、精准化、绿色化、可持续化发展，促进乡村经济发展。

另一方面，数字人才回流乡村可以吸引更多的资源进入乡村地区。随着数字化转型的加速推进，越来越多的数字人才开始关注乡村产业的发展，进入乡村地区，而乡村数字人才队伍的不断壮大也将吸引更多的资源进入乡村，给乡村产业的发展带来新的机会，进而实现乡村经济繁荣发展。

第四章　纵向赋能：农业全产业链数字化发展路径

第一节　研：农业相关研究手段数字化

随着科技不断进步，农业也在数字化转型的浪潮中发生了革命性的变化。农业相关研究手段数字化的发展为农业提供了更加科学、高效、精准的研究手段，从而提高了农业生产效率，推动了乡村产业发展，也为乡村振兴提供了强大的支撑。

一、数字技术在农业研究中的作用

数字技术在农业研究中扮演着重要角色，其主要作用如下。

（一）研究数据精准化

数字技术在促进农业研究数据精准化方面发挥着重要作用。

在数据收集方面，传统的农业研究中，农业研究者收集数据既费时费力，又可能产生人为的误差，而数字技术的应用节省了人力、物力，提高了数据收集的精准性。例如，物联网和大数据技术的发展使得数据的采集、传输和存储变得更加便捷、智能，进一步提高了数据收集的精准性。

在数据处理和分析方面，传统的农业研究往往需要农业研究者花费大量时间和精力进行数据处理和分析，而数字技术的应用提高了数据处理和分析的效率。例如，数据挖掘技术可以从海量数据中挖掘出有价值的信息；机器学习和人工智能可以自动分析数据，发现其中的关联性和规律。

在研究决策方面，基于数字技术的决策支持系统可以为农作物生长提供精准的建议，如最佳种植时间、适宜的种植品种、施肥和灌溉的频率等方面的建议。这有助于提高农业生产效率，减少资源浪费，减少环境污染。同时，数字技术可以帮助政府精准地制定农业政策，以满足市场需求和实现农业可持续发展。

（二）研究方式多元化

数字技术在农业研究中的应用已经日益广泛，促进了农业研究方式的多元化。这种研究方式的多元化有助于推动农业研究领域的创新与发展，为农业生产和农业政策的制定提供科学、可靠的依据。

1. 基于数据挖掘的研究方法

随着大数据技术的发展，基于数据挖掘的研究方法在农业研究中得到了广泛应用。数据挖掘可以帮助农业研究者从海量数据中提取有价值的信息，使农业研究者深入了解农作物生长、气候变化和农业生产之间的复杂关系，从而为生产管理提供科学依据。

2. 基于遥感技术与地理信息系统的研究方法

遥感技术与地理信息系统为农业研究提供了进行空间分析的方法。通过对遥感数据进行处理和分析，农业研究者可以对农业生产环境进行精确的监测和评估，了解土壤、气候等因素对农作物生长的影响。同时，地理信息系统可以为农业生产提供更好的建议，帮助农业研究者对农业资源进行合理规划。

3. 基于生物信息学的研究方法

生物信息学在农业研究中的应用为农业研究者提供了一种从基因层面研究农作物性状的手段。通过对基因序列数据进行分析，农业研究者可以揭示农作物抗病、抗逆等性状的遗传机制，从而为育种工作提供指导。此外，生物信息学还可以用于分析农业生态系统中微生物的多样性和功能，为农业生态环境保护提供依据。

4. 基于计算机模拟的研究方法

计算机模拟在农业研究中的应用使得农业研究者能够对复杂的农业系统进行建模和分析。通过计算机仿真，农业研究者可以模拟农作物生长过程、气候变化对农业生产的影响等，从而更好地进行农业生产。这种研究方法不仅可以提高研究效率，还可以降低研究成本。

5. 基于互联网的协同研究方法

基于互联网的协同研究方法意为通过在线平台、论坛和数据库，农业研究者能够更加方便地获取最新的研究成果、技术动态和数据资源。此外，基于互联网的协同研究方法促进了农业研究者之间的信息共享、知识交流和协作创新，并有助于跨学科融合与发展，推动农业研究领域的创新与进步。

6. 基于虚拟现实和增强现实的研究方法

虚拟现实和增强现实在农业研究中的应用为农业研究者提供了一种全新的实验和教学手段。通过虚拟现实和增强现实，农业研究者可以模拟农业生产环境，进行虚拟实验，提高研究效率和安全性。此外，虚拟现实和增强现实还可以帮助农业研究者进行可视化的数据分析，加深其对农业系统的理解，从而给农业研究带来创新成果。

（三）研究成果信息化

数字技术在农业研究中的应用不仅提高了研究效率和准确性，还促进了农业研究成果信息化，使其能够得到快速传播和应用。

1. 研究成果的数字化存储与管理

随着数字技术的发展，越来越多的农业研究成果以数字化形式存储下来并得到了管理。这一变革对提高研究成果的检索效率、方便知识整合和再利用具有重要意义。例如，农业研究领域中的各类数据库（农作物基因数据库、土壤数据库、气候数据库等）已经成为农业研究者重要的知识来源。这些数据库不仅方便农业研究者快速检索相关数据，还可帮助农业研究者发现数据之间的潜在联系，从而促进跨学科研究。

此外，数字化存储技术还可以有效保护知识产权。通过区块链技术，研究人员可以对自己的研究成果进行时间戳认证，确保自身权益得到保护。同时，数字化存储技术提高了知识产权的监管效率，为打击学术不端行为提供了有力支持。

2. 研究成果的快速传播与分享

数字技术的发展大大促进了农业研究成果的传播与分享。通过互联网平台，农业研究者可以迅速获取来自全球的最新的研究进展、技术动态和政策信息。这有利于提高研究的创新性，扩大知识传播和应用的范围。

网络学术平台（学术搜索引擎、开放获取期刊等）为农业研究者提供了便捷的知识获取和知识传播渠道。这些平台可以实现全球范围内的学术资源共享，打破传统学术界的地域限制，使更多研究人员能够平等地参与学术交流。

3. 研究成果的可视化展示

数字技术的发展为研究成果的可视化展示提供了新的手段。例如，利用图形化界面，通过动画演示，农业研究者可以将复杂的研究数据和理论模型以直观的方式呈现出来。这种可视化展示方式不仅有助于农业研究者了解农业系统，还可以为农业生产者和决策者提供更为直观的参考信息。

此外，虚拟现实和增强现实的发展也为农业研究的可视化提供了新的可能。通过这些技术，农业研究者可以将抽象的概念和理论以更直观、形象的方式呈现出来，从而他们能够更好地理解和掌握这些知识。

4. 研究成果的智能分析与应用

人工智能在农业研究成果信息化方面发挥了重要作用。通过机器学习、深度学习等算法，农业研究者可以对大量的农业研究数据进行智能分析，发现新的研究问题和创新点，从而推动农业发展。

例如，在农作物育种研究中，人工智能可以辅助农业研究者分析基因组数据，快速识别与目标性状相关的关键基因。这有助于缩短育种周期，加快农作物品种的改良速度。

二、数字设备在农业研究中的应用

数字设备在农业研究中扮演着重要角色，其主要作用如下。

（一）传感器

传感器作为数字设备中的一个重要器件或装置，对农业研究起着关键作用。农业生产的要素包括土壤、气象、水源等，传感器可以对这些要素进行实时监测和数据采集，从而实现农业生产的自动化管理和精准控制。在传感器的帮助下，农业研究者可以更好地了解农田生态环境，掌握农作物生长情况，预测天气变化，了解水资源状况，从而有助于提高农业研究的科学性与实用性。

1. 土壤传感器

土壤传感器是一种监测土壤参数的装置，可以对土壤的水分、温度、养分等关键参数进行监测，为农业研究提供参考数据。通过土壤传感器，农业研究者可以对土壤进行实时监测和数据采集，了解土壤的物理、化学、生物等性质，进行科学决策。

例如，农业研究者利用土壤传感器可以对土壤中的水分含量进行实时监测和数据采集，根据土壤中水分的变化情况调整灌溉量，实现精准灌溉；土壤传感器可以监测土壤中的养分含量，从而确定肥料种类和施肥量，避免浪费。

2. 气象传感器

气象传感器可以对气温、湿度、风速、风向等气象参数进行监测，帮助农民进行农事决策。例如，在农作物生长期，农业研究者可以通过气象传感器监测气温和湿度，根据得到的数据进行田间管理，从而提高农作物的产量和质量。

3. 水文传感器

水文传感器是一种可以对水文参数进行监测和数据采集的装置，可以帮助农业研究者更好地了解水资源状况，从而实现精准用水。例如，农业研究者利用水文传感器可以对水源进行实时监测和数据采集，掌握降水量、水位、水质等水文参数，从而为农业生产提供科学的决策依据。

（二）无人机

目前，无人机已经成为一种重要的遥感工具，被广泛应用于农业研究中。无人机可以搭载高分辨率相机和多光谱成像仪等设备，对农田进行高精度遥感监测和图像识别分析，从而为农业研究提供数据支持和科学决策。

1. 农作物覆盖度监测

农作物覆盖度是指农作物在地面上所占的比例，对农作物的生长有重要影响。农业研究者利用无人机可以对农作物覆盖度进行监测，了解农作物的生长情况，从而进行精准的农业生产决策。例如，在农作物的早期生长阶段，农业研究者可以通过监测农作物覆盖度掌握农作物的生长情况，及时制定施肥和灌溉方案，从而提高农作物的产量和质量。

2. 叶面积指数测定

叶面积指数是指作物群体的总绿色叶面积与该群体所占据的土地面积的比值，是衡量农作物生长状态和光合效率的重要指标。农业研究者利用无人机可以对叶面积指数进行测定，了解农作物的生长状态和光合效率，确定合理的研究方式，发现提高农作物产量和质量的途径。

3. 植被变化监测

植被变化是指在植物的生长过程中，植被的形态、颜色和光谱等发生的变化。农业研究者利用无人机可以对植被进行监测，了解植物的生长状态，及时调整施肥和灌溉等管理措施，促进植物生长。

第二节　产：农业生产链数字化转型

一、种植和养殖环节数字化转型

种植和养殖是农业生产的起点，是农业生产链中的基础环节。在种植和养殖环节，人们需要进行土地准备、育苗、施肥、灌溉、除草、病虫害防治、动物饲养等一系列农业生产活动。

（一）农业种植

种植是农业生产的重要环节之一，主要包括土地准备、育苗、施肥、灌溉、除草、病虫害防治等内容。

1. 土地准备

土地准备是种植的第一步，包括对土地的整理、消毒等处理，以创造最佳的生产条件。在土地整理方面，种植者需要根据农作物需求和土壤特性进行土地改良，如添加有机肥料、石灰等改善土壤结构和肥力。在土地消毒方面，种植者可以采用化学消毒、热处理等方法，以防止土壤病虫害的发生。

2. 育苗

育苗是种植环节中非常重要的一环，可以提高农作物的成活率，为后续的种植作业打下良好的基础。育苗技术包括选种、播种、管理、移栽等环节。在选种方面，种植者需要根据农作物的生长特性和环境条件选择适宜的品种，以保证农作物的适应性和生产力。在播种方面，种植者可以采用手动播种、机械化播种等方式，根据农作物需求和土壤条件进行精准播种。在管理方面，种植者需要在苗期及时施肥、浇水、保温，并做好病虫害防治工作，以保证农作物的成活和生长。在移栽方面，种植者需要根据农作物的生长情况和移栽时机进行科学的移栽，以避免移栽后农作物受到伤害和死亡。

3. 施肥

施肥可以给农作物提供养分，促进农作物生长和增加产量。在施肥方面，种植者可以根据农作物需求和土壤特性有针对性地施肥。例如，根据农作物需求和土壤中的养分含量进行氮、磷、钾的合理配比施肥，以满足农作物的生长需求。

4. 灌溉

灌溉能够为农作物生长提供水分。在灌溉方面，种植者可以根据农作物需求和土壤特性进行有针对性的灌溉，以满足农作物的生长需求。在灌溉方法的使用方面，种植者可以采用滴灌、喷灌、微喷灌等多种方式，以提高灌溉效率。此外，种植者还可以利用传感器和智能控制系统实现自动化灌溉。

5. 除草

除草是指在农作物生长期内，对周围的杂草进行清除，以免影响农作物的生长和产量。在除草方面，种植者可以采用化学除草、物理除草等方式。其中，化学除草是利用化学药剂对杂草进行控制，它的效果较好，但会对环境造成一定的污染；物理除草是通过物理力量进行除草，如人工拔草、刨地等，这种方法虽然相对环保，但劳动强度大。

6. 病虫害防治

病虫害防治是指预防和控制病虫害对农作物的侵害，保障农作物的正常生长和产量。在病虫害防治方面，种植者可以采用化学控制、生物控制和物理控制等多种方式。化学控制是利用化学药剂对病虫害进行控制；生物控制是通过引入或利用天敌或微生物来控制病虫害，这种方法环保且效果好，但需要一定的时间和成本；物理控制是利用物理手段对病虫害进行控制，如利用灯光、粘虫板等物理手段控制病虫害，这种方法对环境友好，但效果较弱。

（二）农业养殖

农业养殖是指在一定范围内为牲畜提供适宜的饲料、水、空气、温度等生存环境，以达到保证牲畜健康和取得良好生产效益的目的。其涉及牲畜饲养和疫病防控两个方面。

1. 牲畜饲养

牲畜饲养需要注意饲料、饮水、环境等方面。

（1）饲料。饲料的质量和种类选择是影响养殖业生产效益的重要因素之一。常见的饲料包括粗饲料和浓缩饲料两种。粗饲料包括秸秆等，是三要的能量来源；浓缩饲料包括鱼粉、肉骨粉等，是主要的蛋白质来源。在选择饲料时，养殖者需要根据牲畜的品种、生长阶段和生长环境等因素进行选择，并且需要控制饲料的质量和饲喂量，避免过量或不足。

（2）饮水。饮水也是促进牲畜生长的重要因素，原因是水是维持牲畜生命必不可少的元素。饮水直接关系到牲畜的健康。养殖者需要保证饮水干净卫生，不含对牲畜有害的物质，并且要保证充足。

（3）环境。环境对牲畜的健康有着至关重要的影响。在环境方面，养殖者需要注意以下几个方面。

①空气质量：保证室内空气清新，排除污染物质，保持适宜的湿度和通风。

②温度：牲畜对温度的适应性有所不同，不同的牲畜在不同的生长阶段都有其适宜的温度。同时，在冬季和夏季，养殖者需要对牲畜的饲养环境进行相应的保温和降温措施。

③空间：养殖者需要根据牲畜的品种和数量对养殖场的空间进行科学规划，保证牲畜有足够的生长空间。同时，养殖者需要注意卫生、安全等方面的问题。

2. 疫病防控

疫病防控是养殖过程中必不可少的一环。在养殖过程中，常见的疾病包括呼吸道疾病、消化系统疾病、神经系统疾病、皮肤疾病等。针对不同的疾病，养殖者可以采取不同的防治措施。其中，疫苗预防和药物治疗是常见的防治方法。

第一，疫苗预防。疫苗预防是一种有效的疫病防控方法，即通过注射疫苗来增强牲畜的免疫力，从而预防疫病。在养殖过程中，养殖者需要根据牲畜的品种和生长阶段，对其进行相应的疫苗接种，以预防疫病。

第二，药物治疗。药物治疗是指在疾病发生后通过药物来治疗疾病，促进牲畜的康复。在养殖过程中，养殖者需要根据疾病的类型和症状，对牲畜进行科学的药物治疗。需要注意的是药物的使用方法和剂量，避免药物过量或不足造成不良后果。

此外，为了保障养殖业的可持续发展，养殖者还需要采取一些措施来预防和控制疾病的发生和传播。

第一，加强养殖场的卫生管理。养殖场的卫生管理是预防和控制疾病的重中之重。在养殖过程中，养殖者需要定期清洗和消毒养殖场的设备，使其保持卫生干净；养殖者需要做好垃圾和污水处理，避免污染环境。

第二，控制牲畜密度。牲畜密度是影响疾病传播的重要因素之一。当牲畜密度过高时，疾病就容易发生和传播。因此，在养殖过程中，养殖者需要根据牲畜的品种、生长阶段等因素，合理控制养殖密度，以避免疾病的发生和传播。

第三，定期进行健康检查。定期进行健康检查是预防和控制疾病的有效方法之一。在养殖过程中，养殖者需要定期对牲畜进行健康检查，及时发现和处理疾病问题。同时，养殖者需要掌握牲畜疾病的相关知识和防治方法，提高应对疾病的能力。

第四，选择优良品种。选择优良品种可以提高牲畜的免疫力，降低疾病发生的风险。在选择品种时，养殖者需要根据不同的养殖目的和环境条件进行选择，并且选择健康、强壮的品种，不选择存在潜在疾病的品种。

第五，加强饲料质量监控。饲料质量是影响牲畜健康的关键因素之一。在养殖过程中，养殖者需要加强饲料质量监控，确保饲料符合要求，避免饲料质量问题导致牲畜出现健康问题。

（三）农业种植与养殖的数字化

随着科技的发展和应用，农业种植与养殖也逐渐向数字化方向转变。数字化的农业种植和养殖可以提高生产效率、降低成本，也可以减轻对环境和资源的压力。

1. 数字化农业种植

数字化农业种植主要包括智慧农业、精准农业、大数据农业等。

（1）智慧农业。智慧农业是指将物联网、云计算、大数据等现代科技与农业生产相结合，实现农业生产过程的智能化管理的一种新型农业。智慧农业可以通过获取土壤、气象等方面的数据来进行精准施肥、精准灌溉等，也可以通过自动化技术实现农业生产的自动化。

（2）精准农业。精准农业是利用遥感技术、地理信息系统，对农业生产的各个环节进行精准管理的一种新型农业。精准农业可以通过精准施肥、精准灌溉、精准种植等操作来提高农作物的产量，减少资源浪费。

2. 数字化农业养殖

数字化农业养殖主要包括智能养殖、疾病预测和防治等方面。

（1）智能养殖。智能养殖是指应用物联网、传感器、云计算等，实现牲畜养殖全过程智能化。智能养殖可以通过监测和分析牲畜饲料、饮水、饲养环境等方面的数据，实现精准喂养、精准管理等，也可以通过自动化技术实现养殖过程的自动化。

（2）疾病预测和防治。数字化养殖在疾病预测和防治方面的应用为根据牲畜饲料、饮水、饲养环境等方面的数据，对牲畜疾病的发生进行预测，并采取相应的防治措施。疾病预测和防治可以通过大数据分析、人工智能等技术手段来实现。

二、农产品加工环节数字化转型

在农产品加工环节，农产品会经过一系列的加工和处理，转化成各种食品、饮料、药品等成品。这个过程可以大大增加农产品的附加值。

（一）蔬菜和水果加工

蔬菜和水果经过选种、采摘、清洗、去皮、切割、烘干等一系列工艺，可以被加工成各种罐头、果汁、干果等产品。在加工的过程中，加工者需要保证蔬菜和水果的新鲜度和营养价值，同时控制加工过程中的温度、湿度等，保证产品的品质和安全。

1. 选种和采摘

蔬菜和水果的选种和采摘是保证产品品质的第一步。在选种环节，加工者需要根据产品特性，选用符合要求的原料，避免次品的产生。采摘则要求采摘时间准确、采摘工具干净卫生，采摘后应立即放入容器内，保证蔬菜和水果的新鲜度和营养价值。

2. 清洗和去皮

清洗和去皮是为了去除蔬菜和水果表面的杂质和污垢，减少微生物的数量。清洗的方法包括冲洗、浸泡、喷淋等。去皮则应根据不同的蔬菜和水果，采用不同的方法，如手工削皮、机械削皮、化学剥皮等。

3. 切割和烘干

切割和烘干是为了让蔬菜和水果更容易储存和运输。切割要求加工者根据不同的产品特性，采用不同的方法，如手工切割、机械切割、压缩切割等。烘干的方法包括太阳烘干、热风烘干、微波烘干等。烘干的目的是将水分去除，减少微生物的生长，同时保留产品的营养成分。

4. 加工成品

蔬菜和水果加工后的成品包括罐头、果汁、干果等。加工者需要在高温下对罐头进行加压灭菌，保证产品的安全。果汁的加工需要经过浓缩、过滤等多个环节，以保留产品的营养成分。干果的加工需要经过烘干、包装等多个环节，以确保产品的保存期限和口感。

（二）畜禽产品加工

畜禽产品加工是将畜禽产品进行一系列工艺处理，制成冷鲜肉、酱卤肉、香肠等产品。其加工需要考虑多个因素，包括产品的新鲜度、品质、营养价值、安全性及加工工艺等。

1. 屠宰和去毛

屠宰和去毛是畜禽产品加工的第一步。屠宰需要在符合卫生标准的场所进行，将畜禽放入屠宰设备内进行宰杀、脱毛等处理。去毛的方法包括手工去毛、机械去毛等，要求去除干净，避免影响产品质量。

2. 去脏和切割

去脏和切割是将畜禽的内脏和杂质去除，使产品更加干净和卫生。去脏的方法包括手工去脏、机械去脏等。切割要求根据不同的畜禽产品和加工需求，采用不同的方法，如手工切割、机械切割等。

3. 腌制和熏制

腌制和熏制是为了提高产品的口感，延长产品的保质期。腌制的方法包括盐腌、糖腌、酱腌等，熏制的方法则包括冷熏、热熏等。

4. 包装和灭菌

包装和灭菌是将畜禽产品包装成成品，并进行灭菌处理，保证产品的安全和卫生。包装的方法包括真空包装、气调包装、保鲜膜包装等，灭菌的方法则包括高温高压灭菌、紫外线灭菌等。

（三）粮食作物加工

粮食作物加工是将小麦、水稻等粮食作物经过一系列工艺处理，制成各种食品和工业原料，如面粉、大米等。其加工需要考虑多个因素，包括产品的新鲜度、品质、营养价值、安全性及加工工艺等。

1. 粉碎和过筛

粉碎和过筛是将粮食作物制成粉状，以便后续加工。粉碎时加工者应根据不同的粮食作物对应的不同的加工需求，采用不同的方法，如磨碎、剁碎等。过筛的方法包括筛分、筛选等，要求将粉末进行分类和过滤，去除杂质。

2. 水浸和油炸

水浸和油炸是为了使粮食作物更加美味和易于食用。水浸的方法包括煮沸、浸泡等。油炸则是将粮食作物放入油锅中进行加热，使其表面变得酥脆，增加产品的口感。

3. 发酵和蒸馏

发酵和蒸馏是将粮食作物转化成其他食品和工业原料的重要环节。发酵的方法包括酵母发酵、乳酸发酵等。蒸馏的用处在于对粮食作物进行蒸馏处理，提取其中的有用成分，如生物柴油、酒精等。

4. 包装和灭菌

包装和灭菌是将粮食作物包装成成品，并进行灭菌处理，保证产品的安全和卫生。包装的方法包括袋装、瓶装、罐装等。灭菌的方法包括高温高压灭菌、紫外线灭菌等。

（四）饮料和药品加工

饮料和药品加工是将蔬菜、水果、药材等原材料经过一系列工艺处理，制成各种饮料和药品。其加工需要考虑多个因素，包括产品的新鲜度、品质、营养价值、安全性及加工工艺等。

1. 提取和浓缩

提取和浓缩是将原材料中的有效成分提取出来，使其浓缩成一定的比例，用于制作饮料和药品。提取的方法包括水提取法、超临界流体提取法等。浓缩的方法包括真空浓缩、冰冻浓缩、蒸发浓缩等。

2. 加工和配制

加工和配制是将所提取的成分进行混合和加工，制成各种饮料和药品。加工要求加工者根据不同的产品特性，采用不同的方法，如搅拌、混合、发酵等。配制则要求加工者根据不同的产品需求，调配不同的配方和比例。

3. 灌装和包装

灌装和包装是将饮料和药品装入包装容器中，以保证产品的安全和卫生。灌装是指将产品装入容器的过程，其方法包括瓶装、罐装、袋装等，灌装设备应干净卫生。包装则是指为产品选择合适的包装材料和设计包装外观的过程，要求根据产品特性，选用合适的包装材料（玻璃瓶、塑料瓶、铝罐等）来包装产品。

4. 杀菌和质检

杀菌和质检是保证饮料和药品质量和安全的关键环节。杀菌的方法包括高温灭菌、超高压灭菌、紫外线杀菌等。质检的方法包括外观检查、化学成分检测、微生物检测等。

（五）农产品加工数字化

现阶段，数字技术已应用于农产品加工的各个环节，包括选种和采摘、清洗和去皮、切割和烘干、屠宰和去毛、腌制和熏制、包装和灭菌、质检等。

1. 选种和采摘

选种可以根据产品特性、市场需求等，通过视觉识别技术进行。采摘可以由机器人负责，其可以通过视觉识别技术，判断产品成熟度和品质，自动进行采摘。这样可以提高选种和采摘效率，降低人力成本。

2. 清洗和去皮

第一，清洗可以由机器人进行，即机器人可以通过传感器、视觉识别技术等判断产品表面的杂质和污垢，并进行清洗。

第二，在去皮环节，加工者可以通过视觉识别技术识别产品表面的皮层，再通过人工智能控制去皮机械的运动轨迹和力度，实现精准去皮。

3. 切割和烘干

第一，在切割环节，加工者可以应用自动化控制技术，实现自动化切割。这可以提高切割效率，降低人力成本。

第二，烘干可以通过传感器和自动化控制技术进行，进而实现智能烘干。这可以提高烘干的效率。

4. 屠宰和去毛

（1）自动化屠宰。机器人可以通过传感器和视觉识别技术判断牲畜的位置和姿态，自动进行宰杀和分割。这可以提高屠宰效率，降低人力成本。

（2）智能去毛。智能去毛需要用到机器视觉技术和人工智能，机器视觉技术可以识别牲畜的毛发，人工智能可以控制去毛机械的运动，进而实现智能去毛。

5. 腌制和熏制

在腌制和熏制环节，加工者可以应用自动化控制技术，控制腌制和熏制的时间、温度、湿度等参数，保证产品的质量和口感。

6. 包装和灭菌

（1）自动化包装。机器视觉技术可以识别产品的大小、形态、重量等特征，自动选择合适的包装方式和包装材料，进而实现自动化包装。

（2）智能灭菌。智能灭菌需要利用传感器来实现。传感器可以实时监测产品的温度和湿度，自动控制灭菌的温度和时间，保证产品的安全和卫生。

7. 质检

在质检环节，工作人员可以通过视觉识别技术和人工智能，对产品的包装完整性、标签清晰度等进行检查，以判断产品的质量是否合格。

第三节　供：农业物流数字化建设

一、农业物流信息系统数字化建设

随着数字技术的快速发展，农业物流信息系统数字化建设成为农业物流数字化建设中不可或缺的一环。建设农业物流信息系统可以实现物流信息的共享和协同，提高物流运作效率，降低物流成本，促进农产品的流通和销售。

（一）农业物流信息系统的构成

1. 智能调度系统

智能调度系统是一种运用数字技术，结合实时信息和算法实现高效调度的系统。它能通过实时监控和分析物流运营数据，对物流运输过程进行优化，如路线规划、货物配载、车辆调度等。智能调度系统能够大大提高物流运输效率和服务质量，降低运营成本和风险。在农业物流中，智能调度系统能够解决农产品运输过程中遇到的多种问题，如农产品运输线路不固定、物流仓储配送效率低、配送路线不合理等问题。通过智能调度系统，企业可以及时调整运营策略，提高物流运输效率和服务质量，提升市场竞争力。

2. 移动应用程序

移动应用程序是一种通过智能手机、平板电脑等移动设备，实现物流运营数据的实时收集和处理的应用程序。移动应用程序能够为企业和消费者提供多种服务，如实时物流运营数据的查询、货物的追踪和验收等，大大提高了物流运作效率和服务水平。在农业物流中，通过移动应用程序，企业可以实时采集和监控运营数据，及时调整运营策略，从而提高物流运输效率和服务水平。

3. 物流信息服务平台

物流信息服务平台是指通过互联网、物联网、信息技术手段等，将物流企业、物流服务供应商、物流客户等相关方的物流信息进行收集、整合、处理和共享，以实现物流信息的可视化、透明化和优化物流信息管理的平台。在农业物流中，企业可以通过物流信息服务平台获得运营数据，并根据数据及时调整运营策略，从而提高物流运营效率。同时，物流信息服务平台可以让相关企业、物流客户共享物流运营数据，促进不同企业之间的合作，提升物流行业整体水平。

4. 数字化仓储管理系统

数字化仓储管理系统是农业物流信息系统数字化建设的重要内容，可以通过数字技术实现物流仓储管理的智能化、数字化和可视化，提高仓储管理效率。数字化仓储管理系统具有多种功能，如入库、出库、库存、移库、盘点、质量等方面的管理，可以为企业提供全面的仓储管理服务。

（二）农业物流信息系统的功能

1. 数据采集

农业物流信息系统的建设需要大量的数据支持，包括农产品和物流运输过程中的环境和物流信息。因此，数据采集是建设农业物流信息系统的第一步。数据采集可以通过物联网、传感器等进行，对农产品的生长环境、质量等方面的信息进行实时监测和采集。需要注意的是，采集的数据必须是高质量、高精度、高时效的，以保证后续的数据处理和分析的有效性。

2. 数据处理和分析

需要对采集到的数据进行处理和分析，以提取有用的信息并辅助决策。数据处理和分析可以通过数据挖掘、人工智能、机器学习等技术进行。通过数据处理和分析，企业可以对农产品的品质、库存、价格等进行预测和评估，对物流运输过程中的异常情况进行监测和预警，提高决策的准确性和及时性。在数据处理和分析过程中，企业需要注意数据质量的控制和数据模型的建立。

3. 数据可视化和实时监控

农业物流信息系统应该具备数据可视化和实时监控的功能，通过可视化展示数据，帮助企业对数据进行更加直观的了解和分析。同时，实时监控功能可以实时监测农产品的运输情况，对运输过程中的问题进行及时处理和调整，提高物流运作效率。数据可视化和实时监控的功能可以帮助企业进行快速反应和决策，提高管理效率和决策效率。

4. 物流过程追溯查询

农业物流信息系统还应该具备物流过程追溯查询的功能，通过对农产品物流过程的记录和追溯，帮助企业实现农产品的来源可追溯、质量可控。通过物流过程追溯查询，企业可以更加全面和准确地了解农产品的生产、运输和销售过程，提高管理效率。

5. 数据安全和隐私保护

农业物流信息系统应该具备数据安全和隐私保护的功能。该系统应该采用先进的加密和防护技术，确保数据的安全性和完整性。同时，该系统应该遵守相关的法律法规和隐私保护政策，保护用户的个人隐私和数据安全。数据安全和隐私保护涉及多方面，如数据存储和传输的安全性、数据共享和使用的合规性、用户隐私的保护和授权等。农业物流信息系统需要通过一定的技术，实现数据安全和隐私保护。

在建设农业物流信息系统时，企业需要综合考虑以上功能，以满足各方面的需求。同时，企业需要关注农业物流信息系统的可扩展性、可维护性、易用性等方面，以保证农业物流信息系统的长期稳定和可持续发展。

（三）农业物流信息系统的优势

1. 提高物流运作效率

首先，农业物流信息系统可以通过实时监控和分析物流运输过程中的数据，帮助企业快速发现异常情况。例如，在温度传感器的监测下，如果温度超出了合适的范围，农业物流信息系统就会及时发出预警提示，让企业及时采取措施，防止农产品的损失。此外，在物流运输过程中，如果有交通堵塞或其他不可抗力因素，农业物流信息系统也会及时发出提示，让企业进行调整，避免影响农产品的运输和销售。

其次，农业物流信息系统可以通过优化调度和路线规划，降低物流运输成本，减少物流运输时间。例如，在农业物流信息系统的帮助下，企业可以对运输路线进行优化，避免因拥堵等因素而浪费时间和提高成本。

最后，农业物流信息系统还可以通过实时数据监控，提高物流配送的准确性。例如，在物流运输过程中，通过农业物流信息系统，企业可以实时跟踪农产品的位置，了解其状态，保证其及时被送达目的地。农业物流信息系统还可以通过对物流数据的分析，提供更准确的货物交付时间，使农产品的配送更加准确和及时。

总的来说，农业物流信息系统的建设可以帮助企业实现对物流运输过程的全面监测，从而提高物流运作效率。

2. 保证农产品品质

农产品是人类生活中不可或缺的物品，保证其品质对人类的健康至关重要。在农产品运输和流通过程中，如果运输条件、储存环境等不好，就很容易影响农产品的品质和安全。因此，要建设农业物流信息系统，以对农产品进行监测和追溯，保证农产品的品质。

第一，农业物流信息系统可以实现对农产品的全流程监测和追溯。通过物联网技术、传感器等技术、设备，企业可以对农产品的生长环境、质量等进行实时监测，确保农产品的来源可追溯、质量可控。同时，该系统可以记录农产品的运输过程，实现对物流运输过程的监测和追溯。这样可以保证农产品在运输和储存过程中的品质，防止因运输条件或存储环境差而出现质量问题。

第二，农业物流信息系统可以实现对农产品的质量评估和预测。农业物流信息系统可以对采集到的农产品数据进行分析和处理，以预测和评估农产品的质量、保质期等。这样，企业可以做出合理的库存管理和调度决策，减少损失。

比如，农产品在运输过程中可能会出现温度过高或过低、湿度过大或过小等问题，这些问题都会对农产品的品质产生影响。企业可以通过农业物流信息系统实时监测农产品在运输过程中的温度、湿度，并对数据进行分析。如果发现某一批次农产品的温度或湿度异常，企业就可以第一时间采取措施，对该批次农产品进行处理，以保证农产品的品质。此外，通过对农产品的全流程监测和追溯，企业可以了解农产品的生产、运输和销售过程，及时发现问题并解决，从而保证农产品的品质。

3. 促进农产品的流通和销售

首先，农业物流信息系统可以通过协同管理，加强不同企业之间的合作和协调，实现资源共享和优化。该系统可以通过数据共享和交互，将不同企业的信息和资源整合在一起，帮助企业更好地了解市场需求和竞争情况，制定合理的销售和营销策略。该系统还可以帮助企业寻找合适的销售渠道和合作伙伴，提高农产品的市场竞争力和流通效率。假设一个农产品种植企业生产出一批优质的草莓，但是由于种植地点偏远、销售渠道有限，草莓的销量不理想。这时，如果该企业将草莓的信息上传至农业物流信息系统，并加入合作伙伴的销售网络，就可以让更多的消费者了解这批草莓的优点，从而提高销量和市场占有率。

其次，农业物流信息系统可以帮助消费者更好地了解农产品的质量和产地，提高消费者的购买信心，保障消费者的权益。利用农业物流信息系统的溯源功能，消费者可以查询农产品的生产和流通过程，了解农产品的来源和质量，从而做出明智的购买决策。假如一个消费者想要购买有机草莓，利用农业物流信息系统的查询功能，他就可以找到有机草莓的产地和供应商，确保购买到符合要求的产品。

最后，农业物流信息系统的销售和营销功能可以为企业拓展农产品销售渠道。通过农业物流信息系统的推广和宣传，企业可以将自己的产品展示给更多的消费者和销售商，拓展销售渠道。例如，农业物流信息系统可以通过社交媒体、电子商务系统等渠道，将农产品信息推送给更多的消费者和销售商，提高企业的曝光率和知名度。

4. 提高乡村产业数字化水平

随着科技的不断进步，乡村产业面临着数字化转型的压力和机遇。农业物流信息系统的建设可以推进乡村产业数字化，为乡村产业的可持续发展提供支持。

农业物流信息系统可以通过数据共享和交互，整合不同企业的信息和资源，推进乡村产业数字化，促成乡村产业链上下游的合作。同时，该系统可以为企业提供智能化服务和决策支持，提高企业的管理和决策效率，从而推动乡村产业稳定发展。

二、农业冷链物流数字化建设

（一）农业冷链物流数字化建设需求

1. 农产品保鲜

农产品保鲜一直是农业冷链物流数字化建设的核心需求之一。传统的冷链物流存在很多问题，如温度监测不及时、湿度控制不精准等，容易导致农产品品质下降甚至腐烂。而数字化冷链物流系统可以通过物联网和传感器，实时监测冷链环节的温度、湿度等参数，建立农产品运输和储存的数字化管理系统，确保农产品新鲜和安全。数字化冷链物流系统可以自动控制农产品运输环境的温度、湿度等参数，当温度或湿度超出设定范围时，自动报警并及时进行调整，从而避免农产品质量出现问题。同时，数字化冷链物流系统可以对农产品的流通过程进行全程追溯，保障农产品的品质。

例如，一个种植企业生产出了一批优质的水果，需要通过冷链物流运输到消费者手中。数字化冷链物流系统可以在运输过程中实时监测水果的温度、湿度、光照等参数，确保水果新鲜。

2. 物流效率

传统的冷链物流往往需要进行多次转运和储存，加上物流环节中的人为因素和其他不确定性因素，物流效率和配送准确性一般不高。农业冷链物流数字化建设可以通过智能化的物流管理和调度系统，优化冷链运输和储存过程中的各个环节，提高物流效率。数字化冷链物流系统可以自动调度和管理冷链物流的各个环节，如运输路线规划、货物跟踪、配送管理等，从而降低运输成本，减少运输时间，提高农产品配送效率。数字化冷链物流系统还可以实时监测货物的位置和运输情况，帮助企业及时处理运输过程中出现的问题，提高产品配送效率。

3. 信息不透明

农产品流通过程中信息不透明一直是制约农产品流通的一个重要因素。传统的冷链物流企业之间信息孤岛严重，导致信息共享和交流成本较高。而农业冷链物流数字化建设可以解决这一问题。数字化冷链物流系统可以将农产品信息整合在一起，包括品种、产地、价格等方面的信息，为消费者和销售商提供一个信息查询和交流的平台，方便他们了解农产品的情况，进行交流和合作。

假如一个消费者想要购买一批新鲜的农产品，但是不知道该如何找到合适的供应商和销售商，他就可以通过数字化冷链物流系统，根据自己的需求查询并找到合适的供应商和销售商，提高购买效率。同时，数字化冷链物流系统还可以加强企业之间的合作，实现资源共享和优化，提高农产品的市场竞争力和流通效率。

（二）农业冷链物流数字化建设路径

1. 需求分析

农业冷链物流数字化建设应该从需求分析开始，即深入了解农产品的特点、冷链物流环节的问题和现有数字技术的应用情况，明确数字化建设的需求和目标，制定合理的建设方案。

2. 技术选型

在农业冷链物流数字化建设的过程中，企业需要选择适合农业冷链物流数字化管理的技术方案，如云计算、大数据技术等，以实现对农产品和物流运输过程的全面监测和分析，提高乡村产业信息化和智能化水平。

3. 系统设计与建设

数字化冷链物流系统的设计应该根据具体的需求和目标，包括冷链物流环节的监测、管理和调度等方面，以实现数字化冷链物流管理的全覆盖。同时，数字化冷链物流系统的建设应该分阶段进行，不断进行测试和优化，以保证数字化冷链物流系统的稳定性和可靠性。

4. 系统应用与推广

数字化冷链物流系统的应用和推广是农业冷链物流数字化建设的重要环节。其应用和推广的做法如下：将数字化冷链物流系统应用到实际的生产和流通环节中，对该系统进行测试和反馈，逐步推广到更多的企业和场景中。

5. 监测和维护

数字化冷链物流系统的监测和维护很重要，企业需要对数字化冷链物流系统进行定期维护和更新，及时发现和解决问题，以保障数字化冷链物流系统的稳定运行和数据安全。同时，企业需要对数字化冷链物流系统的运行情况进行监测和评估，不断优化和升级数字化冷链物流系统，以满足不断变化的市场需求。

第四节　销：农产品网络营销模式创新

随着互联网技术和移动互联网的发展，农产品网络营销模式逐渐成为农产品销售的重要模式之一。传统的农产品营销模式存在着信息不对称、渠道狭窄、利益分配不公等情况，限制了农产品的销售和市场竞争力。而农产品网络营销模式可以通过互联网技术和数字化手段，实现农产品信息的共享和流通，拓展农产品的销售渠道，优化农产品的营销模式，提高农产品的市场竞争力。

一、“农产品电商平台＋农业合作社”模式

随着互联网的不断发展和普及，电子商务在各个领域得到广泛应用，农产品电商平台的出现为农产品销售和流通带来了新的机遇。然而，传统的农产品销售渠道分散、信息不对称、供需不平衡等问题仍然存在，制约了农产品的流通和销售。为了解决这些问题，“农产品电商平台＋农业合作社”模式应运而生。

（一）模式介绍

“农产品电商平台＋农业合作社”模式是一种电子商务平台和当地农业合作社合作推动农产品销售和流通的创新模式。农产品电商平台是一

个集农产品信息展示、在线购买、物流配送、支付结算等功能于一体的电子商务平台。该平台整合各地的优质农产品资源，通过互联网技术和物流配送服务，为消费者提供方便、快捷的农产品购买服务。农业合作社是一个由农民自发组织成立的农村生产互助组织，负责农产品的生产、收购、加工和销售等。农业合作社通过与农产品电商平台的合作，实现农产品的供应链整合和社区配送服务。当然，农业合作社也可以通过线下渠道销售农产品。

（二）模式优势

1. 提高农产品的销售效率

农产品电商平台的流量和农业合作社的供应链整合在一起可以提高农产品的销售效率和市场竞争力。消费者可以通过农产品电商平台查询农产品信息并购买，同时农业合作社可以通过线下渠道销售，实现线上线下渠道的融合，从而提高农产品的销售效率。

2. 降低农产品流通成本

传统的农产品流通渠道分散、中间环节多，导致农产品流通成本较高。农产品电商平台和农业合作社的合作可以降低农产品流通成本，提高农产品的市场竞争力。

（三）模式实施步骤

实施“农产品电商平台 + 农业合作社”模式有一定的步骤，以下是其中的几个重要步骤。

1. 建立农产品电商平台

建立农产品电商平台需要确定平台的定位和功能，搭建适合的技术框架。农产品电商平台需要整合各地的优质农产品资源，提供农产品信息查询和在线购买服务。此外，农产品电商平台的安全性也需要得到保障，包括支付安全、数据安全等。

2. 寻找当地的农业合作社

寻找当地的农业合作社需要考虑农业合作社的规模、生产能力和信誉度等因素。与农业合作社洽谈合作需要明确双方的责任和利益分配，建立良好的合作关系和供应链体系。其中，农业合作社需要负责农产品的生产、收购、加工和销售等环节。

3. 进行品牌宣传和包装设计

品牌宣传和包装设计可以提高农产品的市场认可度。农产品电商平台和农业合作社需要通过网络营销和线下推广等方式进行品牌宣传，打造具有品牌特色的农产品。同时，农产品电商平台和农业合作社需要对农产品的包装进行设计，提升农产品的吸引力和品质。

4. 完善物流配送服务

物流配送服务是农产品销售的重要环节，需要考虑到农产品的特殊性和保鲜要求。农产品电商平台和农业合作社需要与物流公司合作，确保农产品能及时送到消费者手中。此外，农产品电商平台和农业合作社还可以通过建立社区配送网络，提高农产品的配送效率和服务水平。

5. 优化管理和维护

农产品电商平台和农业合作社需要做好定期优化管理和维护工作，确保农产品的信息真实和服务到位。农产品电商平台需要及时更新农产品信息和价格，确保信息的真实性和准确性。农业合作社需要做好库存管理和销售记录，保证农产品的品质。同时，农产品电商平台和农业合作社需要关注消费者反馈和市场变化，及时进行调整和改进，以适应市场需求和提高消费者的满意度。

（四）模式的应用与前景

目前，“农产品电商平台 + 农业合作社”模式已经在国内多个地区得到应用。例如，黑龙江省五常市启禾水稻种植专业合作社和黑龙江科技大学教师合作，延伸产业链，为大米打开了电商营销之路。具体来说，五常市启禾水稻种植专业合作社位于五常市二河乡，丰富的水资源和四季分明的气候赋予了五常大米优良的品质。五常市启禾水稻种植专业合作社种植选用五优稻4号种子，也就是市面上耳熟能详的稻花香2号。2022年，黑龙江科技大学教师带领学生对种植基地、生产基地进行调研后，走上了策划电商模式下的产品包装、营销之路，他们通过拍视频、开网店、直播等形式，初步形成了线上线下品牌营销推广模式。五常市启禾水稻种植专业合作社也从过去的以种植原粮为主，形成了如今的种植、加工、销售一条龙产业链。

二、“农产品众筹平台 + 农业品牌推广”模式

（一）模式介绍

“农产品众筹平台 + 农业品牌推广”模式是一种通过众筹的方式，吸引消费者投资支持农产品生产和流通，提高农产品的知名度和市场影响力的模式。农产品众筹平台是一个集众筹支持、农产品信息展示、在线购买、物流配送、支付结算等功能于一体的电子商务平台。该平台通过众筹的方式吸引消费者投资支持农产品生产和流通，同时整合各地的优质农产品资源，为消费者提供方便、快捷的农产品购买服务。农业品牌推广是通过品牌策划、市场营销、社交媒体宣传等手段，将农产品打造成有影响力和信誉保证的品牌。该推广方式与农产品众筹平台相结合，共同提高了农产品的知名度和市场影响力。

（二）模式优势

1. 提高农产品的知名度和市场影响力

“农产品众筹平台 + 农业品牌推广”模式的核心在于通过众筹和品牌推广的方式，提高农产品的知名度和市场影响力。众筹可以吸引大量的消费者投资支持农产品的生产和流通，增加农产品的曝光度和市场份额。农业品牌推广可以将农产品打造成具有品牌价值的产品，提高产品的竞争力和品牌影响力。

2. 提升消费者对农产品的认知

农产品众筹平台和农业品牌推广可以提升消费者对农产品的认知。通过农产品众筹平台，消费者可以了解到更多的农产品信息，了解农业生产的过程和难度，从而提升对农产品的认知。同时，加强农业品牌推广，打造有品牌特色的农产品，可以提高消费者的购买意愿和购买频率。

（三）模式实施步骤

1. 建立农产品众筹平台

建立农产品众筹平台先要深入研究市场需求，了解农产品的特性和消费者的需求。这一过程涉及构建一个用户友好的网站和移动应用程序，使用户能够轻松浏览相关信息、主动参与众筹。建立农产品众筹平台的目的是搭建农民与消费者之间的桥梁，提供透明、高效的交易渠道。此外，平台管理者需要设计有效的运营模式，包括众筹目标设置、奖励机制、物流和支付处理。营销策略也是至关重要的，平台管理者需要通过多种渠道提高农产品众筹平台的知名度和吸引力。

2. 农业品牌策划

农业品牌策划需要确定农产品的品牌定位和目标消费群体，制定品牌策略和营销规划。品牌宣传需要在适当的时间以适当的渠道展开，如通过社交媒体和线下活动宣传品牌。品牌推广需要与农产品众筹平台相结合，共同提高农产品的知名度和市场影响力。

3. 吸引投资者

农产品众筹平台需要通过社交媒体、线下活动等方式吸引投资者的关注和投资。同时，农产品众筹平台需要提供真实可信的农产品信息，引起消费者对农产品的兴趣，并提升他们对农产品的认知，以增强他们的投资意愿。

4. 达成交易

利用众筹平台提供的一键式购买和自动化的订单处理系统，投资者可以实现快速下单与支付。同时，必要的沟通是信任的关键，投资者可以通过实时更新的项目进展情况掌握交易信息。

5. 持续审查平台的合法与合规性

农产品众筹平台涉及金融市场，需要遵守有关众筹和金融交易的法律法规，包括但不限于投资者保护、资金管理和反洗钱规定。因而，平台管理者必须建立严格的用户身份验证和交易监控系统，以防止欺诈和保护用户的资金安全，同时要定期进行内部审计和合规性检查，确保所有操作都符合最新的法律法规。

（四）模式应用与前景

目前，“农产品众筹平台 + 农业品牌推广”模式已经在我国多个地区得到应用。以海南雅新生态休闲枣园为例，2015 年，雅新生态休闲枣园创始人曹五院在海南股权交易中心公开发起了一场认购 500 棵“台湾蜜枣”活动，众筹标的为枣园区内 1300 棵枣树中的 500 棵，众筹金额 90 万元，众筹期限 6 个月。认筹者可以亲自种植、管理，也可免费委托枣园工人管理。6 个月后，认筹者可以选择实物青枣，也可以选择海南雅新园艺开发股份有限公司代为销售青枣后获得的本金和收益。

通过该案例可知，“农产品众筹平台 + 农业品牌推广”模式首先通过吸引消费者投资来支持农产品生产和流通，提高农产品的知名度和市场影响力，从而提高农产品的销售效率和市场竞争力；其次，通过品牌推广和营销，将农产品打造成有影响力和信誉保证的品牌，提高农产品的品牌价值和市场认可度。

未来，随着电子商务的不断发展和普及，以及消费者对健康、绿色食品的需求的不断增加，“农产品众筹平台 + 农业品牌推广”模式将有更为广阔的发展前景。同时，随着人工智能、大数据技术等技术的不断发展和应用，该模式也会不断创新和优化，以提供更加便捷、高效和安全的服务，推动农业产业的转型升级和可持续发展。

第五章　横向赋能：农业跨产业融合发展路径

第一节 数字经济赋能乡村“农业＋旅游”发展与实践

农业和旅游的融合实践是近年来发展起来的一种新型经济模式，目的是将传统的农业资源和旅游资源相结合，带给乡村新的发展机遇，促进乡村经济发展。

一、数字经济赋能农家乐模式创新

农家乐模式是一种将传统的农业资源和旅游资源相结合的模式，它在乡村旅游发展中发挥着重要的作用，既能够为游客提供住宿、餐饮、娱乐等服务，又能够为当地农民带来新的发展机遇。

（一）农家乐模式的发展背景

随着社会的发展，越来越多的人开始感受到城市生活的压力，因此开始寻求以一种放松、休闲和体验自然的方式来旅游。乡村旅游是一种新兴的旅游方式，吸引着越来越多的游客前往乡村旅游。农家乐模式的兴起正是基于这样的背景。

一方面，我国乡村优美的自然环境和丰富的人文资源可以为游客提供一种独特的旅游体验。例如，在我国南方一些地区，游客可以欣赏美丽的水乡风光，体验地方文化和风俗。

另一方面，我国农民在寻求新的经济增长点和发展机遇，而农家乐模式的兴起恰好满足了他们的这种需求。

（二）数字经济时代农家乐模式的发展趋势

看农家景、吃农家饭、干农家活、喝农家茶、住农家屋的农家乐模式的乡村旅游是我国乡村旅游最初且发展较广泛的一种形式。这衍生了一批“依山傍水”的农家乐、渔家乐，带动了当地经济的发展。

数字经济时代，随着我国乡村旅游市场的不断扩大和消费升级，农家乐模式的发展也呈现出了新的趋势。

首先，乡村旅游市场的规模和需求不断扩大。越来越多的游客开始前往乡村寻求一种放松、休闲和体验乡村生活的旅游方式。农家乐模式的发展逐渐从单一的住宿和餐饮服务向更加多元化的体验服务转变，注重挖掘主题特色，如农业体验、手工艺体验、文化交流等，为游客提供更加全面的旅游体验。

其次，随着消费升级和旅游市场竞争的加剧，游客对农家乐的服务提出了更高的要求。农家乐业主需要不断提升服务水平，以吸引更多的游客；还需要加强营销和品牌建设，提升农家乐的知名度和美誉度，以在激烈的市场竞争中脱颖而出。

最后，在技术的驱动下，农家乐模式的数字化和智能化发展趋势日益明显。例如，农家乐业主可以通过互联网平台和移动应用程序为客户提供在线预订和支付服务，提高服务效率和客户的满意度。

（三）数字经济赋能农家乐模式转型升级路径

1. 特色化升级

数字经济时代，千篇一律的农家乐很容易被市场所淘汰，游客更加关注特色化的消费体验，因而特色化升级是农家乐模式转型升级的必然路径。

三圣乡是成都近郊远近闻名的农家乐聚集地之一。其发展的成功离不开一些艺术家的到来，这促成了“艺家乐”的兴起。现在的三圣乡已经开始从农家乐向“农家小院 + 艺术”转型和演进。

三圣乡幸福梅林旁有两户普通的农宅。其中一户就是农家乐，但是位置偏僻，再加上这里农家乐比较多，本身又无甚特色，所以经营困难。有位从事文创工作的艺术创作者将其租下并对其进行改造，耗时一年增添了多处自然景观：“风吹竹铃”“卧船听雨”“凭栏望梅”……通过水景的布设，即便在艳阳天，人们也可以看见屋檐滴下的水帘。该艺术创作者还给这户农宅取名为“禅边小院”。在禅边小院，游客可以饮茶吃饭，也可以休息住宿，更重要的是他们得到了一种艺术享受。茶室里摆放了古琴，还布置了文房四宝。有些游客喝完茶，还可以挥毫泼墨。

三圣乡从农家乐到“艺家乐”的发展之路充分展示了其对艺术和创意的引入，以及对传统农业旅游业态进行的创新和升级。这一成功转型为其他地区的农家乐发展提供了借鉴和启示。这种将艺术元素融入农家乐的特色化升级通过创意设计和景观规划，将古典文化与自然景观融为一体，为游客提供了一个放松身心、陶冶情操的好去处，满足了现代人对精神文化的追求，也使得原本经营困难的农家乐焕发了新生。

2. 精品化升级

精品化升级旨在利用数字技术手段为农家乐游客提供更便捷、个性化的服务，从而提高游客的满意度，增强农家乐的吸引力。精品化升级的措施有建立农家乐微信公众平台、推行手机 App 信息系统、安装免费无线网络，这些措施不仅能促进农家乐的发展，还有助于整个乡村旅游产业的繁荣发展。

第一，农家乐微信公众平台的建立可以让游客更方便地了解农家乐的相关信息，如新闻动态、节庆活动、优惠信息等。通过微信公众平台，游客可以更容易地找到适合自己的农家乐。此外，游客还可以在微信公众平台上留言互动，提出建议，使农家乐进一步满足游客的需求。此举有助于提高游客的满意度和农家乐的知名度。

第二，推行手机 APP 信息系统有助于规范农家乐的经营管理，确保游客的安全。农家乐通过实施实名制、实时登记等严格的管理制度，可以有效防止非法经营和安全隐患，提高游客对农家乐的信任度。此外，这一措施还有助于收集游客的住宿数据，为农家乐的经营决策提供有力支持。

第三，安装免费无线网络，让游客在农家乐休闲、游玩时能够享受网络带来的便利。通过提供高速、稳定的无线网络信号，农家乐可以满足游客在旅途中与亲朋好友保持联系的需求。此举有助于提高游客的满意度，也为农家乐的口碑传播提供了渠道。

综上所述，这三种措施将数字技术与农家乐的传统经营模式结合起来，为游客提供了更好的旅游体验，提升了游客的满意度。通过不断创新和精品化升级，农家乐将有更大的发展潜力，为乡村旅游产业的繁荣贡献力量。

二、数字经济赋能特色农业观光模式创新

特色农业观光是一种将传统的农业生产和旅游资源相结合的模式，通过将当地的农业资源和特色文化、历史遗迹等元素相融合，打造一个具有独特魅力和吸引力的景区，吸引游客前来观光。特色农业观光模式的发展和实践可以带动农业和旅游产业的互动和协同发展，也能够为当地的经济增长带来新的机遇。

（一）特色农业观光模式的发展背景

特色农业观光模式的发展一方面是由于我国的农业资源非常丰富，不仅有传统的种植业、养殖业等，还有很多特色农业，这些都可以成为吸引游客前来观光的重要资源；另一方面，随着城市化进程的加速和人们生活水平的提高，越来越多的人开始寻求一种与自然和谐相处的生活方式，乡村旅游和特色农业观光模式成了他们实现这种生活方式的一种重要途径。

特色农业观光模式的兴起和发展为农业和旅游产业的协同发展提供了新的思路和模式。这种模式不仅可以带动农业产业的发展和升级，还可以满足游客感受乡村生活的需求。因此，特色农业观光模式的发展成了我国乡村旅游和农业产业转型升级的一种新型经济模式。

特色农业观光模式的发展对促进当地农业生产的发展和转型升级有着重要的意义。将农业生产和旅游资源相结合，可以更好地推广当地的农产品和特色农业，提高农产品的知名度，也可以促进当地农业产业的升级和发展。

（二）数字经济时代特色农业观光模式的发展趋势

随着游客对旅游产品和服务要求的不断提升，以及乡村振兴和农业产业的发展需求，构建特色农业观光模式已经成为我国乡村旅游发展的重要趋势之一。数字经济时代的到来使特色农业观光模式继续快速发展，并呈现以下几种发展趋势。

1. 精品化发展

当前，数字经济时代特色农业观光模式趋向精品化发展。这就要求特色农业观光项目具有独特的文化、历史和地域特色，为游客提供高品质的服务。同时，特色农业观光项目需要在环保、文化保护等方面承担更多的责任，注重可持续发展。

2. 多元化发展

数字经济时代特色农业观光模式会趋向多元化发展，拓展更多的观光和体验项目。这包括农业观光、特色农产品体验、农耕文化体验、乡村游艺等多种项目，以及更加多元化的餐饮和住宿选择。这将提高游客的参与度和满意度，促进当地经济发展。

3. 数字化发展

随着数字技术的不断普及和应用，数字经济时代特色农业观光模式会趋向数字化发展。这包括数字化旅游产品和服务的开发和应用，以及数字化营销和服务等方面的创新。数字化发展可以提高游客的体验感，提升特色农业观光项目的市场竞争力和品牌形象。

4. 生态化发展

数字经济时代特色农业观光模式会越来越注重生态保护和环境可持

续发展。特色农业观光项目需要在景区规划、旅游开发和经营管理等方面注重生态环保和资源保护。在开发新项目时，政府需要进行环境评估和可持续性评估，确保项目对当地生态环境和文化遗产的利用是合理的、可持续的。同时，特色农业观光项目可以通过生态农业、有机农业等方式，推广环保农业，促进农业生态化发展。

（三）数字经济赋能特色农业观光智慧化

1. 打破农业旅游的季节性

数字化生产管理技术可以帮助农业企业进行精准的农业生产管理，包括监测和预测气候、土壤和水源等环境因素，优化农业生产流程，控制病虫害和草害等问题，提高农业生产效率和产量。这样，不同季节或不同地域的农作物都可以实现常年种植和采收，打破了农业旅游的季节性限制，从而农业观光景点在全年都可以有农作物供游客观赏，农业观光就成为一种全年都可以开展的旅游项目，有利于吸引更多的游客和扩大市场。

2. 提高农业旅游的附加值

智慧化农业可以为农业企业提供更多的附加值开发机会。农业企业可以通过加强对农产品的深加工和创新开发，将传统的农产品转化为更具有差异化和竞争力的产品，提高其附加值和利润。例如，通过数字化的农业生产管理，农业企业可以实现对农作物的精准控制和管理，使其在生长过程中得到更好的保护和有更丰富的营养，从而获得更优质的农产品，然后通过深加工和包装，将其变成精美的伴手礼，增加其附加值和市场竞争力。

3. 增加农业旅游的收入

智慧化农业不仅可以提高农业生产效率，还可以促进农业和乡村旅游的融合，从而增加农业旅游的收入。智慧化农业生产和管理可以提高农业生产的稳定性和可持续性，提高农业产品的质量和品牌效应，从而吸引更多游客前来品尝和购买。同时，智慧化农业生产和管理可以为农业观光景点提供更多的休闲、娱乐和体验项目，延长游客停留时间，增加游客消费金额，从而提高农业旅游的收入。

4.吸引更多的群体来游玩

智慧化的生产模式可以为农业观光景点提供更多的休闲、娱乐和体验项目，吸引更多的游客来游玩。比如，数字化技术可以用于设计和制作交互式游戏和体验项目，让游客在互动体验中了解农业文化、农业知识和农业生产过程，提升游客的参与度和互动性；数字化技术也可以用于构建和增强虚拟现实场景，为游客创造更加丰富、生动和有趣的游玩体验；数字化技术还可以为农家乐提供在线预订、在线支付、在线导航等服务，方便游客的出行和消费。

三、数字经济赋能生态农业旅游模式创新

（一）生态农业旅游模式的发展背景

生态农业模式的发展可以追溯到1924年的欧洲，当时环境问题引起了人们的重视，人们开始审视传统农业模式的不足，寻求一种更加环保和可持续发展的农业模式。生态农业模式作为一种新型的农业模式，以保护生态环境和实现可持续发展为宗旨，开始受到人们的关注和支持。

随着我国经济的快速发展和城镇化进程的加快，传统农业模式出现了较严重的环境问题和生产效率问题。高耗能、高污染、高化肥使用等问题不仅导致土壤、水源等自然资源被污染和破坏，还影响了农产品的质量和安全。同时，城市化的加速使得越来越多的农民流向城市，导致农业生产力下降，农业面临着转型升级的挑战。

在这种背景下，生态农业模式逐渐成了一种解决农业问题的新型方式。生态农业模式注重农业生产的可持续发展和环境保护，采用更加环保、低碳的种植方式和技术，注重农业生态系统的平衡和维护。

更重要的是，生态农业的发展也推动了生态农业旅游的发展。生态农业旅游将农业生产和生态旅游相结合，不同于农业观光与农家乐，其以农业生态发展为旅游开发前提，将生态农业作为旅游资源开发的重要前提和基础性条件，致力保护自然栖息地和增加景观多样性，注重游客对自然环境和生态系统的体验，打造绿色、环保的旅游环境，以满足游客对旅游的新需求。

（二）生态农业旅游模式的类型

生态农业旅游是一种以农村特有的自然风光、农事活动和乡村文化为基础，通过整体设计规划与旅游服务包装，为人们提供的集度假、观光、休闲、学习、购物于一体的新型旅游形式。其作为农业与旅游业结合的新兴产物，在保护自然环境可持续发展的前提下，引入商业化旅游活动，旨在促进乡村经济发展，并满足城市人群对乡村生活的向往。生态农业旅游可大致分为田园农业旅游、休闲度假旅游、村落乡镇旅游、民俗风情旅游和科普教育旅游五种类型。

1. 田园农业旅游

田园农业旅游以欣赏乡村田园风光、体验农事劳作和购买特色农产品为主，根据盛产农产品的不同，乡村可构建农业、果林、花卉、渔业和畜牧业等特色不同的旅游服务活动，满足游客回归自然、体验乡村生活的心理诉求。代表性案例有香港马宝宝社区农场、泸州张坝桂圆林公园等。

2. 休闲度假旅游

休闲度假旅游依托优越的自然环境，将现有的生态资源与现代娱乐设施有机结合，为游客提供娱乐、休闲、餐饮、民宿等旅游服务，满足游客释放生活压力、增进群体感情的诉求。代表性案例有成都三圣花乡、武汉谦森岛庄园和成都郫都区农科村农家乐等。

3. 村落乡镇旅游

村落乡镇旅游是以具有民族特色的古寨村落为吸引点，利用村落的民宿、街道、古寺等基础性设施，满足游客对民族建筑和村落文化考察研究的需求。代表性案例有山西王家大院、福建闽南土楼和云南瑞丽傣族自然村等。

4. 民俗风情旅游

民俗风情旅游即以乡村特色民俗文化为核心吸引点，开发民俗饮食、民俗歌舞、民俗技艺、民俗礼仪等民俗活动，激发游客对传统文化的好奇心理，彰显乡村的人文价值。代表性案例有吐鲁番坎儿井民俗园、日照任家台民俗旅游度假村和湖南怀化荆坪古村等。

5. 科普教育旅游

科普教育旅游是以高新技术为依托，利用现有的生态资源与产品优势，为游客提供农业生产、动物饲养等以农业技术为主的参观体验。代表性案例有北京蟹岛度假村、阳澄湖现代农业产业园和溱湖湿地农业生态园等。

（三）数字经济时代生态农业旅游模式的发展路径

随着人们环保意识的增强和可持续发展理念的普及，构建生态农业模式逐渐成了现代农业发展的路径之一。数字经济时代，生态农业模式会呈现以下发展趋势。

1. 多元化发展

随着人们对健康、环保和可持续发展的需求的不断增加，生态农业旅游已经不再是有机农业的代名词，而是已经拓展到更多的农业领域，包括种植业、养殖业等多种农业产业的生态化发展。这种多元化发展不仅可以提高农业的生产效率，还可以为农村经济注入更多的活力。

例如，在种植方面，乡村可以开展各种特色农作物的种植，在种植过程中不使用化肥、农药等化学物质，符合环保和健康的理念，这样的农作物会受到越来越多的人青睐；在养殖方面，乡村可以开展有机畜牧、水产养殖等项目，采用生态养殖技术，提供更加安全、健康、可持续的农产品。

除了拓展到更多的农业领域，生态农业旅游还可以与其他产业相融合，如文化产业等，为游客提供更加多元化的体验和服务。比如，可以将乡村文化、手工艺术、民俗传统等融入生态农业旅游中，为游客带来更加丰富、深入的文化体验。

2. 智能化发展

数字经济为生态农业旅游带来了智能化的发展机遇。

一方面，乡村通过引进智能化设备和技术，如无人机、大数据技术等，可以实现生态农业旅游的精细化管理和精准化服务，提高发展水平。无人机可以用于航拍农村风光，为游客提供全景视图。大数据技术通过对生态环境等数据的收集、分析和处理，可以对游客的需求和偏好进行分析和挖掘，为游客提供个性化、智能化的服务和产品，提升游客的满意度。

另一方面，数字经济时代的生态农业旅游具备更加智能化的服务和管理手段，如在线预订、线上支付、数字导览等。在线预订平台使游客可以通过互联网预订旅游产品，避免了传统旅游方式中人工预订的烦琐，提高了体验感。游客可以通过线上支付来支付旅游产品费用，不仅可以节省传统方式中支付的时间和成本，还可以提高支付的安全性。通过数字导览系统，游客可以获取更加全面、详细的旅游信息，如景点介绍、路线规划、游玩攻略等，游览体验得到了增强。

3. 社交化发展

数字经济时代，随着人们对生态、环保、健康等的需求不断增加，游客对旅游的期望也在不断提高。他们不仅期望良好的参与感和体验感，还期望与其他游客、当地居民及农业企业进行互动和交流，增强旅游的社交性和互动性，因而社交化成了生态农业旅游的一个重要发展方向。

数字经济为生态农业旅游提供了社交化的平台，如社交媒体、在线社区等，也为游客提供了更加丰富、有趣和互动性强的生态农业旅游体验。游客可以通过社交媒体平台和在线社区与其他游客、当地居民及农业企业进行交流，了解当地的风土人情、文化传统和生态环境。同时，游客可以通过社交媒体平台了解其他游客的旅游经历和体验，获得更多的旅游灵感和建议。

社交化的发展也为生态农业旅游提供了更多的营销和推广手段。通过社交媒体平台，旅游企业可以实现精准化营销，将旅游产品和服务针对性地推荐给对其感兴趣的游客。此外，社交化的发展还可以帮助旅游企业了解游客的需求和偏好，进一步优化旅游产品和服务。

第二节 数字经济赋能乡村“农业+文化”发展与实践

农业和文化产业融合发展是一种新兴的发展模式，可以带动农业和文化产业的双向发展，从而促进乡村经济的繁荣发展。

一、数字经济赋能文化农业发展与实践

（一）文化农业的内涵、特点与作用

文化农业是一种将传统农业和文化产业有机结合起来的新型农业模式，其核心是将农业与文化相融合，以文化为引领，以农业为基础，开发生态农业、乡村民俗、传统手工艺等文化旅游项目，打造具有地方特色的文化农产品和文化体验，吸引更多游客前来参观和消费，提升农产品的附加值和竞争力，推动乡村产业深度融合，加快乡村产业创新发展，带动乡村农民增收致富。

在文化农业中，文化是一种传承和创造的精神力量，可以为农业注入新的内涵和特色。文化符号是文化农业的基础，将文化符号导入农产

品是文化农业的一个特点，可以使农业产品变得时尚、生动有趣且富有内涵，满足消费者的情感诉求，以文化符号创意带动农产品的销售，让乡村的农产品展现别样的风采。这有助于乡村构建整合多个产业的品牌产业链，使农产品获得更广阔的品牌成长空间。

文化农业的另一特点是文化理念的融入，这使得农产品充满故事性。产品故事强调通过生动、趣味、感人的讲述方式唤起与消费者之间的共鸣。讲好产品故事的关键在于乡土文化的融入，乡村企业应充分挖掘当地神话故事、历史故事、乡贤事迹等，或者与产品有关的风土人情、人文故事、地域文化等。每个地方都有独特的乡土文化，乡村企业可通过一个个小故事串联起产品和文化，并邀请专业人员进行演绎，通过高科技设备进行录制宣传，这样可以使得农产品成为消费热点。

文化农业的作用主要体现在三个方面：首先，文化农业能够提高农产品的附加值和竞争力，打造具有地方特色的文化农产品和文化体验，吸引更多消费者前来参观和消费，促进乡村产业的发展，带动乡村农民增收致富；其次，文化农业能够促进乡村优秀传统文化的传承和发展，挖掘乡村文化遗产，使得乡村优秀传统文化得以继承和发扬；最后，文化农业能够促进城乡文化交流，扩大农产品市场，推动城乡文化和经济的交流与互动。

（二）数字经济赋能文化农业的路径

文化农业最终的落脚点是将农产品推销出去，而数字经济为此提供了路径。数字经济时代，我国文化农业的实践已经有了很多成功的案例，其中较有代表性的就是秭归柑橘文化农业。

秭归柑橘是我国的优质柑橘之一，但是由于产量较小，加上缺乏有效的品牌推广，其知名度一直不高。为了振兴当地柑橘产业，秭归县政府尝试将文化因素引入农业，打造了具有地方特色的农产品和文化活动。

秭归县政府利用“屈原故里”这一地方文化符号，举办了屈原故里端午文化节，为当地柑橘文化打造了一个展示平台。文化节期间，消费者可以品尝各种柑橘，了解当地文化，欣赏相关文化表演和艺术作品。这种活动不仅能够提高当地柑橘的知名度和影响力，还能够促进当地旅游产业的发展。通过以上措施，秭归柑橘文化农业成功地将文化和农业产业相融合，提高了当地柑橘的知名度和附加值，也为当地经济的发展注入了新的活力。

（三）文化农业的发展前景

当前，农业已经进入了一个新时代，传统农业已经不能满足社会的需求，需要通过创新的方式来提高农业的竞争力和效益。文化农业就是这种创新方式之一，其能够将传统文化和现代农业相结合，形成全新的农业模式，前景广阔。

二、数字经济赋能农业文化创意产业发展与实践

（一）农业文化创意产业的概念

农业文化创意产业是指以市场为导向，以农业生产为依托，以创意为核心，以知识产权为基础，充分应用文化学、美学、生态学、市场营销学及现代旅游学的基本原理和方法实现资源优化配置，促进农业增效、农民增收、农村繁荣的一种新型农业生产方式。

（二）我国农业文化创意产业发展模式

1. 景观创意型农业文化创意产业发展模式

景观创意型农业文化创意产业发展模式是我国农业文化创意产业发展模式中的一种。该模式主要通过设计和营造景观来表达和传承农业文化，并吸引游客前来观赏和体验。

下面以成都“五朵金花”为例进行叙述。“五朵金花”其实就是成都市锦江区三圣街道的五个村子，这五个村子各有特色，形成了“一村一

品一业”产业，如图 5-1 所示。

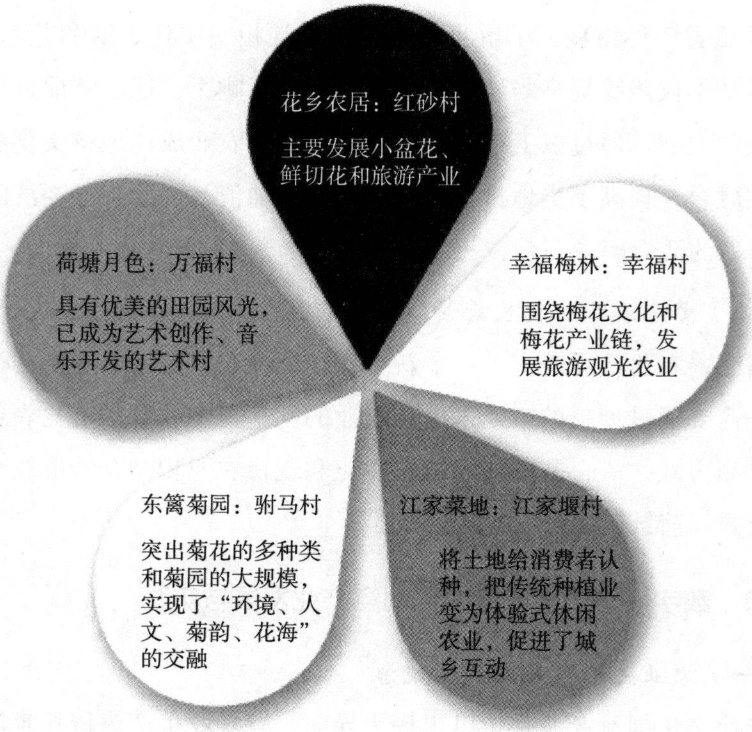

图 5-1　成都“五朵金花”景观创意型农业文化创意产业

经历多年高速发展，由“五朵金花”领衔的成都都市近郊休闲旅游业进入了平台期。随着数字经济的发展，人们消费需求更加多层次化，为了改变现状，许燎源现代设计艺术博物馆、蓝顶艺术中心、画意村等文化创意基地先后成立，农家乐升级为“艺家乐”。

2. 特色节庆型农业文化创意产业发展模式

特色节庆型农业文化创意产业发展模式是指以农业文化为基础，结合当地特色，打造独具特色的节庆活动，以此带动当地农业、文化产业、旅游产业的发展。

下面以上海奉贤菜花节为例进行叙述。在上海奉贤地区种植的油菜花属于十字花科芸薹属，通常在每年3月到4月开花，花色多为淡黄色。上海奉贤菜花节是每年春季在上海奉贤举行的旅游文化活动，主要以油菜花为主题，展示当地的自然风光和地域文化。届时，整个景区将被油菜花覆盖，游客可以在美丽的花海中尽情漫步，欣赏油菜花绽放的美丽景象。上海奉贤菜花节期间，还会有各种文化、艺术、体育、娱乐等活动，如摄影比赛、文艺展览、户外运动等，游客可以在其中体验不同的文化氛围和活动乐趣。

3. 过程创意型农业文化创意产业发展模式

过程创意型农业文化创意产业发展模式是一种以农业文化和创意产业为核心、以实现农村经济可持续发展为目标的发展模式。其主要特点是将农业生产、文化传承和创意设计等结合在一起，通过创新的产业链条和生产流程，培育一系列具有地域特色的创意产品，进而推动当地经济的发展。

下面以浙江千岛湖巨网捕鱼为例进行说明。浙江千岛湖巨网捕鱼是一种传统的捕鱼方式，被认为是千岛湖水域的特色之一。这种捕鱼方式是用一条长数千米的巨大渔网将千岛湖水域中的鱼类包围起来，然后捕鱼工人乘坐小船在渔网周围逐渐收缩渔网，从而将困在渔网中的鱼群捕获。

千岛湖巨网捕鱼通常在春秋两季进行，这也是千岛湖旅游的热门季节。游客可以乘船前往千岛湖的钓鱼岛观看巨网捕鱼的全过程，甚至可以加入捕鱼团队，亲身体验捕鱼的乐趣。除了观看和参与捕鱼，千岛湖还有丰富多彩的旅游项目，如湖中游艇、水上漂流、环湖骑行等，吸引了来自全国各地的游客前来体验。此外，千岛湖还是一个以渔业为基础的产业链综合开发区，集养殖、管护、捕捞、加工、销售、科研、烹饪、旅游、文创等于一体，形成了独具特色的“千岛湖模式”，是中国大水面生态渔业发展的标杆之一。

4. 科技支撑型农业文化创意产业发展模式

科技支撑型农业文化创意产业发展模式是指在传统农业文化产业基础上，通过引入高新技术和科学管理，推动文化创意产业发展，实现农业产业升级和农村经济转型。该模式以科技创新和文化创意为驱动，以农业文化为核心，以产业集聚为依托，以市场需求为导向，实现了农业、文化、科技和旅游等多产业融合发展。

下面以深圳太空作物园为例进行叙述。深圳太空作物园建于2004年，占地面积6万平方米，共培育了70多种太空植物。这些植物的种子经过太空技术改良后，可能会变得更加优良。太空植物种植区按培育方法的不同，主要分为大棚区和露天区；按作用分，太空植物则可分为药用植物、观赏植物、食用植物等。园区内展示了我国神舟系列飞船及俄罗斯飞船搭载过的400多种农作物，包括太空南瓜、老鼠瓜、太空茄子、太空辣椒、太空葫芦等太空植物以及各种名贵香料、珍奇野菜等。在园区内，游客可以通过专门人员的讲解学习太空农业知识，充分领略航天科技和大自然的神奇；游客还可参加抓泥鳅、蹦蹦床、攀岩、沙滩排球等户外活动。深圳太空作物园已成为深圳及周边地区小朋友春游、秋游的理想之选。

（三）数字经济赋能乡村农业文化创意产业发展路径

1. 充分挖掘文化资源，突显产业文化特色

随着数字经济的快速发展，乡村农业文化创意产业逐渐兴起。充分挖掘文化资源、突显产业文化特色是该产业发展的重要路径之一。在文化资源的挖掘中，民族民俗文化、乡土文化、饮食文化、植物象征文化等方面都对推动该产业发展起到了重要作用。

民族民俗文化是中华优秀传统文化的重要组成部分，也是我国特有的文化宝藏。各民族的文化都有独特的表现形式和内涵，如汉族的端午

节、傣族的泼水节、藏族的藏历年等。这些民族民俗文化都具有浓厚的地方特色和文化内涵，文化创意产业可以通过开发这些民族民俗文化，为游客从乡村旅游、手工艺品等方面带来更多元化的文化产品和服务。

乡土文化是乡村文化的基础，是乡村生活方式的体现。例如，东北二人转、安塞腰鼓、贵州蜡染、青田石刻等都是乡土文化的重要代表。挖掘乡土文化可以推动文化旅游、手工艺品等产业发展，也可以保护和传承这些传统文化。

饮食文化是中华优秀传统文化的重要组成部分，各地区都有独特的饮食文化和特色美食。少数民族的饮食文化更具特色，如维吾尔族的手抓饭、回族的涮羊肉、藏族的酥油茶、蒙古族的全羊席等。开发文化餐饮、美食旅游等产业可以为农村旅游和农产品销售带来更多机会。

中华优秀传统文化中，植物象征文化源远流长，许多植物都有其特定的象征意义，如竹子象征着虚心谦和、高风亮节、坚韧不拔的人格精神；莲花象征着洁身自好、品性清廉的君子品格；桃树则被视为繁荣、美好、幸福的象征。

2. 构筑和延伸产业链，提高产业效益

数字经济的发展为乡村农业文化创意产业带来了新的发展机遇。构筑和延伸产业链、提高产业效益是数字经济赋能乡村农业文化创意产业发展的关键路径之一。

以花卉产业为例，花卉产业作为一种富含文化价值的，集种植、销售与传播为一体的产业，在世界范围内都有着广泛的发展。从花卉育种、生产、销售到周边产业、宣传，花卉产业的整条产业链十分复杂，而数字经济的发展为其提供了更多的发展机遇。

第一，花卉育种是花卉产业的核心，几乎每种花都有专门的育种公司。数字技术的发展为花卉育种提供了更为高效的工具，如基因编辑技术、生物信息技术等。这些数字技术不仅可以缩短育种过程，还可以提高花卉的品质和产量，满足市场需求。

第二，在花卉生产方面，目前花卉生产大量采用新型温室无土栽培模式，由计算机进行生产环节上的控制。数字技术可以帮助花卉种植者更好地控制环境因素，如温度、湿度、光照等，提高花卉品质。

第三，在花卉销售方面，数字技术可以实现对花卉的精准营销，花卉种植者可根据市场需求种植特定的品种和数量，提高市场竞争力。

第四，花卉产业的发展能够带动种源公司、农业生产设备公司、科研机构、旅游公司、广告公司的发展。这些公司和机构能够为花卉产业提供所需的各种资源和服务，从而促进了花卉产业的发展。

第五，很多国家和地区都有关于花卉的节日，如我国的菊花节、保加利亚的玫瑰节、荷兰的郁金香节，这为宣传花卉文化提供了途径。花卉节不仅可以提高公众对花卉文化的认知度和兴趣，还可以促进花卉的销售。

3. 重视人才，培养专业创意开发团队

在乡村农业文化创意产业的发展中，人才不可或缺。因此，各方都应重视人才培养，打造专业的创意开发团队，促进产业的可持续发展，推进乡村振兴。

培养人才要从教育层面着手，注重乡村文化创意人才的培养。政府应该加大对乡村文化创意教育的投入，培养更多的人才。乡村学校也应该在教学中注重培养学生的文化创意意识和创新能力。同时，对于已经从事乡村文化创意产业的人才，企业应该加强对他们的培训，提高他们的专业技能和创意能力。在乡村文化创意产业中，创新是关键。政府和企业应该为人才提供更多的机会和平台，激发他们的创新思维和创意能力，如举办创意设计大赛、开设创意工作坊等，为人才提供更多的展示和交流机会。另外，乡村要加强人才队伍的组织和管理，建立健全人才引进、培养和管理的制度，引导和激励优秀人才加入和留在乡村文化创意产业中。

4. 打造创意品牌，走品牌化发展道路

在数字经济的浪潮下，乡村农业文化创意产业面临着越来越激烈的市场竞争和消费升级的压力。如何在竞争激烈的市场中脱颖而出，实现长期发展，成了摆在产业发展面前的难题。品牌化发展是一个不可或缺的方向，打造出有口碑、有信誉、有品质的创意品牌可以有效提升产品附加值，树立企业形象，增强市场竞争力，实现可持续发展。

一个好的品牌应该有独特的内涵和文化气息，而乡村农业文化创意产业有着丰富的文化资源。比如，五常大米是黑龙江省五常市出产的大米，清咸丰四年该地设“举仁、由义、崇礼、尚智、诚信”五个甲社，取自“三纲五常”之意，因此得名“五常”，对五常大米的宣传可与此文化内涵相结合。

品牌化发展需要充足的资金和资源的支持，重点在于研发、推广和宣传等方面。研发可以不断提升产品质量和技术含量，推广和宣传可以扩大品牌知名度和影响力，提高消费者的认知度和好感度。同时，企业要注重品牌保护，建立品牌法律体系，加强知识产权保护，维护品牌形象和品牌价值。

品牌是企业的形象代表，而产品质量是品牌形象的重要组成部分。在农业文化创意产业中，品牌的形象和声誉往往依赖产品的质量和口碑。企业要加强对产品质量的管理和控制，提高对产品的安全、健康、环保等方面的要求，确保产品符合消费者的期望和要求，增强品牌竞争力和市场地位。

更重要的是，创新是品牌化发展的驱动力，可以为产业增加附加值和增强差异化竞争优势。首先，创新可以帮助企业提高产品质量和服务水平，进而提高品牌知名度和美誉度。比如，五常大米这一品牌通过不断创新，提高大米品质，生产出更加营养、口感更佳的大米，从而在国内外市场都得到了广泛认可和好评。其次，创新可以帮助企业开发新产品、开拓新市场，增加企业收入来源。例如，烟台苹果在推广过程中，通过不断改良品种和创新加工技术，开发出了一系列与苹果相关的产品，如苹果饮料、苹果干等，从而获得了更多的市场份额和利润。最后，创新可以帮助企业增强品牌的差异化竞争优势，与其他品牌形成明显的对比。例如，宁夏枸杞在打造品牌的过程中，注重生产过程中的环境友好和生态保护，通过打造“有机枸杞”“红枸杞”等特色品种，让品牌更具有独特性和竞争力。

第三节　数字经济赋能乡村“农业 + 教育”发展与实践

农业与教育业的融合发展模式是指将农业和教育业的资源、优势和需求有机结合，打造一种以教育促进农业发展、以农业促进教育发展的新型发展模式。这种模式可以促进农业产业的转型升级，提升农业产品的品质和附加值，也可以为教育注入新的内涵和动力。

一、数字经济赋能农业博物馆发展与实践

（一）农业博物馆介绍

农业博物馆是一种介绍农业历史、文化、科技、艺术等方面内容的博物馆，旨在保护、研究、展示和普及农业文化遗产，促进农业文化的传承和创新。农业博物馆通常展示与农业有关的历史文物、实物模型、数据图表、照片、种子等展品，也会举办相关的展览、讲座等活动。

我国已经有一些知名的农业博物馆，如位于北京的中国农业博物馆、位于河南郑州的中原农业博物馆、位于江苏南京的中华农业文明博物馆等。这些农业博物馆通过收藏、展示和解释与农业有关的文化和历史，为公众提供了认识农业文化、了解农业发展历史的机会。

农业博物馆的意义不仅在于展示文化和历史，还在于传承农业文化知识，增强公众对农业文化的了解和认识。农业博物馆可以通过展示环保农业技术和节约资源的方法，引导公众保护环境，提高公众的环保意识。农业博物馆本质是一个文化教育场所，具有丰富的教育意义，能够通过展览、观摩和体验活动等方式，培养公众的农业兴趣，增加公众对农业的关注度，培养公众的农业文化素养。

此外，坐落在乡村地区的农业博物馆还可以促进农村旅游的发展，吸引更多人来到乡村，体验和了解农业文化和生活方式，从而带动乡村经济的发展。

（二）数字经济赋能农业博物馆升级与实践

数字经济赋能背景下，农业博物馆也迎来了数字化升级的机遇，提高了其科技含量和吸引力，能够更好地展示农业文明的历史、现状和未来。

随着数字技术的不断发展和应用，传统博物馆的展示方式已经逐渐落后。因此，数字经济赋能农业博物馆升级是一个非常有意义的探索和实践。这不仅可以提升农业博物馆的吸引力和影响力，还可以更好地满足人们的需求，让更多的人了解和认识农业的发展历程，感受农业的魅力和重要性。

一方面，数字技术可以为农业博物馆带来更生动、直观的展览体验。虚拟现实、增强现实等技术可以将观众带入一种更为真实的农业生产环境中，让他们亲身体验种植、收获、加工等环节，感受农业技术的发展历程和现代化水平。比如，农业博物馆利用增强现实可以让人们看到实时的农业生产场景，感受不同农作物的生长过程，体验种植、收获的艰辛和技巧。这样的互动体验可以让人们更加深入地了解和体验农业，更有兴趣去参与和推动农业发展。

另一方面，数字化平台可以为农业博物馆提供更丰富的宣传和推广渠道。农业博物馆可以将展品、资料等数字化，建立数字化平台，为人们提供更加便捷的查看和学习的渠道。人们可以通过数字化平台了解农业博物馆的展览信息、历史文化和农业知识，这样的数字化平台不仅便于使用，还可以为农业博物馆扩大宣传和推广渠道，吸引更多人参观和学习。数字化平台还可以为农业博物馆提供更多展示和宣传的手段，如通过社交媒体、线上广告等方式宣传农业博物馆，吸引更多人关注农业发展。

以中国农业博物馆为例，中国农业博物馆筹建于1983年，1986年正式开放，位于北京市朝阳区东三环，占地面积超过40万平方米，建筑面积约12.4万平方米。中国农业博物馆的展品丰富多彩，涵盖了我国古代至现代的农业文化、历史、科技、艺术等方面。

在中国农业博物馆中，数字化展示是通过数字化和展示两个过程实现的。数字化指将馆内的展品、藏品、图书等实物转换成数字化信息，工作人员可以采用拍照、录制视频、扫描等多种手段得到照片、视频及其他形式的数字化信息；展示则是通过不同的终端设备（显示屏、电脑、手机等）进行展示的过程。

在数字化展示中，虚拟现实、增强现实等技术可以让人们更加生动、直观地体验农业生产过程，了解农业技术的发展历程。例如，通过增强现实，人们可以亲身体验种植、收割等农业生产的过程，更好地了解农业科技的发展。此外，数字化展示将馆内展品、藏品、图书等数字化，方便了人们在网上查看和学习。数字化平台不仅可以为人们提供更广阔的学习渠道，还可以为农业博物馆提供更多的宣传和推广渠道。

在中国农业博物馆中，数字化展示的形式多种多样，其中360度全景、虚拟展厅、学术著作和期刊的数字化等形式都为人们提供了更加生动和直观的参观体验。例如，360度全景可以让人们从不同角度观察展品，虚拟展厅可以呈现完全虚拟的场景，学术著作和期刊的数字化则让人们可以在电子书中查看更丰富的内容。

除了展览，中国农业博物馆还开展了多种形式的农业教育活动。中国农业博物馆申报的“最美中国节”系列社教活动获得了“2021 年度北京地区博物馆优秀教育活动”评选中的优秀教育项目。该系列活动旨在深入挖掘中华传统节日蕴含的文化内涵和人文精神，传承和弘扬中华优秀传统文化。2021 年，中国农业博物馆以线上和线下相结合的方式举办了多个活动，如“红红火火闹元宵”“品味端午文化”“快乐过中秋”“听冬至故事”等，吸引了众多游客，特别是小朋友的参与和喜爱，且活动形式新颖，内容丰富，深受好评。

（三）农业博物馆发展前景

随着现代农业技术的不断发展和升级，农业博物馆的发展前景非常广阔。

首先，农业博物馆可以成为农民学习和了解农业科技的重要场所，可以通过举办展览、技术培训等多种形式向广大农民普及现代农业科技知识，提高农业生产效益和科技含量。

其次，农业博物馆也可以成为农业科技创新的重要平台，可以通过收集整理各地的农业科技成果和经验，开展技术交流、展示推广等活动，促进农业科技创新和成果转化，提高农业产业化水平。

最后，农业博物馆还可以成为国际农业科技交流和合作的窗口，吸引国际科技机构和专家来访和合作，推动国内外农业科技的合作和交流。

农业博物馆有着非常广阔的发展前景，能够在未来的农业现代化和可持续发展中发挥重要作用。

二、数字经济赋能乡村夏令营发展与实践

（一）乡村夏令营的内涵与教育价值

乡村夏令营是一种将儿童与青少年带到乡村，让他们体验乡村生活的活动。参加乡村夏令营有助于儿童与青少年体验乡村生活、了解传统文化、学习新的技能、培养自己的生活能力和社交能力。

乡村夏令营的活动主题一般是对乡村生活和传统文化的体验和认识，具有较高的教育价值。

首先，乡村夏令营可以培养儿童与青少年的生活能力。在乡村夏令营中，儿童与青少年一般需要自己砍柴、挑水、做饭等，这些活动能够锻炼他们的生活能力和独立思考能力。儿童与青少年可以在乡村夏令营中学习制作乡村特色的手工艺品，如制作竹篮等，从而他们的动手能力和创新能力能够得到提高。乡村夏令营也为儿童与青少年提供了一种全新的学习方式。儿童与青少年可以在乡村夏令营中接触到不同于书本上的知识和技能，如农耕知识、手工制作技能、野外生存技能等。这些知识和技能对儿童与青少年的成长和未来发展都具有重要的意义。

其次，乡村夏令营可以提高儿童与青少年的社交能力。城市里的儿童与青少年常常生活在熟悉的社交圈子中，很难认识新的朋友。而在乡村夏令营中，儿童与青少年需要与陌生人相处、一起生活，从而他们的人际交往能力能够得到锻炼。此外，乡村夏令营还可以让儿童与青少年参加一些团队活动，如野外拓展训练、农事体验等，从而培养儿童与青少年的团队意识和集体荣誉感，提高他们的责任心和合作能力。

最后，乡村夏令营可以通过各种形式激发儿童与青少年的兴趣和潜能。例如，让儿童与青少年参加体育运动，如足球、篮球等，可以锻炼儿童与青少年的身体素质和协调能力；让儿童与青少年参加手工制作活动，如编织、木工等，可以培养儿童与青少年的创造力和想象力。这些

活动都可以帮助儿童与青少年发现自己的兴趣和特长，增强自信心和自尊心。

（二）数字经济赋能乡村夏令营服务升级

数字经济时代，数字技术的介入可以为乡村夏令营活动的升级提供新的可能。

1. 提高儿童与青少年的参与度与体验感

数字技术的应用可以使乡村夏令营更好地开展线上活动，同时提供更加多样化和创新的活动形式，从而使得乡村夏令营活动具有更强的吸引力。在乡村夏令营中，数字技术可以帮助儿童与青少年更好地了解乡村生活、传统文化和自然环境。通过线上农事体验、线上手工制作等活动，儿童与青少年可以在家中进行乡村夏令营活动，这打破了距离和时间的限制，更加方便和实用。此外，数字技术还可以为乡村夏令营提供更加多样化和创新的活动形式，如增强现实 / 虚拟现实体验、智能互动游戏等，这些新颖的活动形式可以更好地吸引儿童与青少年，提升他们的参与度和体验感。

2. 提供更加优质的教育资源和服务

通过数字技术，乡村夏令营可以为儿童与青少年提供更加专业和优质的教育资源，如在线课程、电子图书、教育游戏等。这些教育资源可以帮助儿童与青少年更好地了解乡村文化、历史和自然环境，同时提高他们的知识水平和学习能力。数字技术还可以提供更加智能化和个性化的服务，根据儿童与青少年的兴趣和需求，为他们提供针对性的教育服务和辅导，如人工智能语音助手、智能化学习评估。这些优质的教育服务可以提高乡村夏令营的教育质量和竞争力，吸引更多的儿童与青少年参与其中。例如，人工智能语音助手可以根据儿童与青少年的口音和语速，提供相应的语音识别和反馈，让他们更好地学习语言知识；智能化学习评估则可以根据儿童与青少年的学习表现和反馈，提供相应的学习建议和评估，帮助他们更好地掌握学习进度和提高学习效率。

3.提高乡村夏令营活动的教育价值和科普性

数字技术的应用可以提高乡村夏令营活动的教育价值和科普性，使其不仅仅是一种娱乐活动，更是一种教育和学习的机会。数字化农业科普展览可以通过数字化技术呈现真实的农村生活和农业生产方式，让儿童与青少年更好地了解农村的文化和农业知识。数字化环境监测则可以让儿童与青少年更加深入地了解环保知识，如空气污染、水污染等，提高他们的环保意识和社会责任感。这些科普教育活动可以为儿童与青少年的未来学习和生活奠定基础，提高他们的文化素养和科学素养。

4.提高乡村夏令营活动的管理和安全保障

通过数字技术的应用，乡村夏令营可以更好地进行活动管理，如数字化报名管理、数字化风险管理等，这些技术的应用可以更好地保障儿童与青少年的安全和健康，提高家长的信任度和满意度。

数字化报名管理可以提高报名的效率和准确性，避免人工操作出现的错误和疏漏。同时，数字化报名系统可以更好地统计和分析报名数据，便于组织者更好地制订活动计划。

数字化风险管理通过数字技术进行风险预警、安全监测和应急处理等措施，保障儿童与青少年的安全和健康。比如，数字化监测系统可以实时监控儿童与青少年的活动状态，防止出现安全问题；在紧急情况下，数字化通信系统可以快速通知家长和相关部门，并采取应急措施，从而更好地保障儿童与青少年的安全和健康。

此外，家长可以通过数字化平台实时了解儿童与青少年的活动状态和参与情况，从而更好地了解乡村夏令营的情况；数字化管理系统也可以提供更加透明化和规范化的管理方式，避免出现管理上的混乱和不规范，提高家长对乡村夏令营的信任度和满意度。

（三）数字经济时代乡村夏令营发展前景

近年来，随着城市化进程的加快和生活节奏的加快，越来越多的城市儿童与青少年远离乡村，缺乏对乡村生活的认识和了解。然而，乡村夏令营的兴起为这些儿童与青少年提供了一个了解乡村、体验乡村生活的机会。同时，数字技术的应用能够进一步增强乡村夏令营的市场竞争力。

未来，乡村夏令营的发展将推动乡村经济的发展和繁荣，促进当地旅游业、特色农业、民俗文化等产业的发展，提高当地居民的收入和生活品质。乡村夏令营的开展也可以促进城乡交流和合作，加快城乡一体化发展进程。值得一提的是，乡村夏令营还能够成为传承和弘扬传统文化的重要载体。通过乡村夏令营，年青一代可以更好地了解传统文化和民俗风情，增强文化自信和认同感。

第四节　数字经济赋能乡村“农业＋环保”发展与实践

农业与环保产业的融合发展是当下的一个热点话题，将两个产业有机结合可以达到资源共享、互惠共赢的效果，也可以促进农业的可持续发展和环境保护。

一、数字经济赋能农业废弃物资源化利用模式发展与实践

（一）农业废弃物资源化利用模式的内涵与意义

农业废弃物资源化利用模式是一种将农业废弃物进行资源化利用的可持续发展模式，其核心是将农业废弃物转化为有用的生物质能源、肥料和饲料等，实现农业资源的节约和再利用，同时减少环境污染。

随着人口的增加和经济的发展，传统农业生产模式已经无法满足人

们的需求，也带来了大量的废弃物和环境污染问题。农业废弃物资源化利用模式的出现不仅可以实现农业资源的节约和再利用，还能够减少环境污染和推动可持续发展。

1. 实现资源的最大化利用和节约

农业废弃物资源化利用模式通过将农业废弃物转化为有用的生物质能源、肥料和饲料等，实现了农业资源的节约和再利用。在生产过程中，农业废弃物成为一种有价值的资源，通过适当的处理，可以实现资源的节约和最大化利用。

2. 减少环境污染

农业废弃物资源化利用模式可以减少农业废弃物对环境的污染。传统的废弃物处理方式往往是将废弃物直接丢弃或焚烧，容易造成大气、土壤和水源等的污染。而农业废弃物资源化利用模式通过适当的处理，可以有效减少废弃物对环境的污染，保护生态环境。

3. 推动可持续发展

农业废弃物资源化利用模式的出现可以有效推动可持续发展。这一模式通过将农业废弃物转化为有用的生物质能源、肥料和饲料等，可以实现资源的循环利用，减少资源的浪费和污染；也可以促进绿色农业的发展和生态文明的建设。

（二）农业废弃物资源化利用路径

1. 乡村生活垃圾资源化利用

乡村生活垃圾主要包括厨余垃圾、废旧物品等。厨余垃圾可通过堆肥、发酵等技术转化为有机肥料；废旧物品可通过回收再利用加工成其他有价值的产品。乡村生活垃圾资源化利用有助于减少环境污染，提高资源利用率，促进乡村可持续发展。

2. 秸秆资源化利用

秸秆是农业生产中产生的一种重要废弃物。秸秆资源化利用途径多样，包括作为饲料原料、生产生物质能源、制备有机肥料、生产环保材料等。秸秆可作为饲料原料，通过挑选、切碎、搅拌、发酵等工艺处理，成为优质的饲料。将秸秆作为饲料原料可以降低养殖成本，提高畜禽产品的质量，并减轻养殖产业对环境的压力。生产生物质能源是指通过气化、液化、发酵等技术将秸秆转化为生物质燃料，如沼气、生物柴油、生物乙醇等。这些燃料可作为替代化石燃料的清洁能源，有利于减少温室气体排放、保护环境。用秸秆制备有机肥料可以改善土壤结构，提高农作物产量。此外，秸秆还可以用于生产生物陶瓷、生物塑料等环保材料，为工业生产提供新型原料。

3. 畜禽粪便资源化利用

畜禽粪便是畜牧业生产过程中产生的一种有机废弃物。畜禽粪便资源化利用途径主要包括生产有机肥料、发酵产生沼气、制备生物质能源等。畜禽粪便经过堆肥、发酵等处理，可生产出富含有机质和营养元素的有机肥料，有助于提高农作物产量和土壤肥力。同时，畜禽粪便可通过厌氧发酵产生沼气，作为清洁能源供农村生活和生产使用；畜禽粪便还可经过处理，制备生物质颗粒燃料，作为替代化石燃料的清洁能源。

（三）数字经济时代农业废弃物资源化利用实践

农业废弃物处理和资源化利用一直是人们关注的话题，随着数字经济的发展，数字技术的应用给农业废弃物资源化利用带来了新的思路和方法。

甘肃省武威市凉州区积极推行循环农业发展，通过农业资源与农业产品之间的再生循环，减少农村环境污染，提高农村生活质量。凉州区政府主导培育农业循环发展新业态，制定多项相关政策和行动指南，建立畜禽粪污等农业农村有机废弃物收集、转化、利用网络体系，调动社会资本在养殖密集区域建立粪污集中处理中心，探索规模化、专业化、社会化运营机制，这为引导建立种养循环绿色发展机制奠定了良好的政策基础。同时，凉州区通过各种方式，如项目资金倾斜支持、土地供应保障等，培育从事农村有机废弃物资源化利用的企业，形成了产业融合发展、资源高效利用、环境持续改善、产品优质安全的循环农业发展格局。

在凉州区，数字技术的应用提高了农业废弃物的收集、转化和利用效率。例如，通过数字化的管理系统，凉州区对农业废弃物的分类、回收和利用进行智能化管理，实现了农业废弃物的高效利用；利用智能物联网和云计算，凉州区建立农业废弃物资源化利用的数据共享平台，实现信息的全面共享，提高资源利用效率。

在具体的农业废弃物资源化利用方面，凉州区通过多元利用农业废弃物，大力开展设施农业生态化、精致农业高效化、绿色农业有机化建设，培植地方特色农产品，打造无公害、绿色有机农产品生产基地，建立了农业资源高效利用的、集约化的现代农业经济循环体系。具体来说，凉州区在农业废弃物资源化利用方面着重实施了以下三方面措施。

首先，凉州区坚持科学还田与多元利用并重，提升秸秆综合利用水平。凉州区通过推进秸秆机械还田、保护性耕作、堆沤还田、过腹还田等方式，积极推进农作物秸秆的多元化利用。凉州区布局建设 40 个秸秆收储点、7 个大型生物质燃料加工点，年废弃物处理能力达 10 万吨。这也带动了秸秆资源为基料的食用菌生产，使秸秆综合利用率超过 86.9%。

其次，凉州区坚持奖补机制和企业带动并行，拓宽废弃物资源化利用途径。近年来，凉州区采用堆肥发酵还田、发酵床养殖、种养生态循环、沼气净化、集中处理等多种粪污资源化利用方式；凉州区还通过招商引资，引进客商建办集中式专业化畜禽粪污处理中心，采用“政府补贴、企业运行”模式，开展畜禽粪污集中加工处理，进一步提高了农业废弃物的资源化利用效率。

最后，凉州区以畜禽粪便循环利用带动特色农业产业升级。凉州区结合蔬菜、瓜果等优势特色产业发展情况，按照就近就地的原则，在全区开展畜禽粪便循环利用工程，建立沼气池、青贮池、省柴节煤灶、太阳灶、蔬菜种植大棚和暖棚，实现了“畜—沼—菜、果、粮”的生态循环。以畜禽粪便循环利用工程为基础，凉州区进一步发展了特色农牧产业，培育了“沼然绿”小乳瓜、“诚坤”小番茄、“西凉红”枸杞等 30 多个农产品知名品牌，“凉州核桃”“凉州皇冠梨”“凉州黄白花牛”“凉州羊羔肉”获得了地理标志商标。目前，全区发展农业种植示范点 171 个，共 101.33 平方千米。

综上所述，凉州区在农业废弃物资源化利用方面取得了显著成效。政府主导、数字技术应用等多个方面的支持和配合让废弃物处理和资源化利用产业具有了新的活力。在这个过程中，政府的政策和资金投入提供了坚实的保障，数字技术的应用提高了废弃物的资源化利用效率，产业融合发展、资源高效利用、环境持续改善、产品优质安全的循环农业发展格局也逐步形成。

当然，凉州区在农业废弃物资源化利用方面仍面临一些问题。例如，农村废弃物回收体系还不够完善，收集、转化和利用的效率仍需要进一步提高；农业废弃物资源化利用产业仍面临资金、技术等方面的瓶颈；对废弃物的分类和回收需要进行更好的普及和推广；等等。因此，凉州区需要进一步加强政策引导，推广数字技术的应用，加快废弃物资源化利用的技术创新和产业化进程，促进农业废弃物资源化利用产业的可持续发展。

总之，农业废弃物处理和资源化利用是一个全球性的难题，也是一个具有较大潜力和发展空间的产业。政府和社会各界需要共同努力，通过政策引导、资金投入、技术创新、产业合作等多方面的支持和配合，促进废弃物资源化利用产业的发展，让农业废弃物不再是污染源，而成为推动农业可持续发展和环境保护的有力支撑。

二、农业环保公益发展与实践

（一）农业环保公益发展与实践的意义

农业是国民经济中的重要部门，其发展不仅关乎国家粮食安全和农民生计，还与环境保护息息相关。随着人们环保意识的提高，将农业与环保公益事业相结合已成为一种重要的发展趋势。农业环保公益发展与实践的意义在于既可以实现农业产业的可持续发展，又可以促进环保事业的发展。

1. 促进农业产业的可持续发展

农业是一个与环境密切相关的行业，农业的发展依赖良好的生态环境。农业环保公益发展与实践可以促进农业产业的可持续发展。实施环保公益项目可以保护生态环境和生态系统，提高农产品的质量和效率，促进农业产业的可持续发展。

2. 推进环保公益事业的发展

农业环保公益发展与实践还可以促进环保公益事业的发展。将农业产业与环保公益事业相结合可以为环保公益事业提供可持续的资金来源，推动环保公益事业的发展。同时，环保公益项目的实施有利于提高社会公众的环保意识和环保责任感，促进环保文化的传播。

（二）数字经济赋能下的农业环保公益实现途径

1. 设立环保公益基金

设立环保公益基金能够吸引企业、个人和社会组织的捐款、捐物，为农业环保项目提供资金支持。这种方式能够鼓励农民参与环保项目，提高他们的环保意识，促进环保技术在农业领域的应用。通过基金和奖励机制的推动，农业环保有望实现可持续发展。

2. 利用大数据分析农业环保需求

数字经济赋能下的农业环保公益实现途径之一是利用大数据分析农业环保需求。大数据技术在农业环保领域的应用有助于政府和企业更精准地了解问题，提高决策效率，优化资源配置。

首先，大数据技术可以实时收集各类农业生产和环境保护信息，包括土壤、气候、农作物病虫害、农业废弃物处理等方面的数据。通过对这些数据的分析和挖掘，政府和企业可以更准确地了解各地区农业环保的现状和需求，为政策制定和项目实施提供有力依据。

其次，大数据分析可以帮助政府和企业找出环保问题的根源，制定针对性的解决方案。例如，通过分析土壤污染数据，政府和企业可以发现污染的主要来源和传播途径，从而制定合适的土壤修复方案；对农业用水、施肥情况的数据分析有助于政府和企业提出节水、"减肥"的有效措施。

最后，大数据技术可以用于评估环保项目的实施效果。通过对项目实施前后的数据进行对比分析，政府和企业可以发现项目的优缺点，为后续工作提供改进方向。同时，这些数据可以作为政府和企业在农业环保领域进行投资决策的依据，使政府和企业能够将资金更合理地投入有利于环保的项目。

3. 利用社交媒体开展农业环保宣传教育

社交媒体的普及和便捷性使其成为传播信息和知识的重要平台。通过社交媒体，农业环保知识和技术可以被迅速传播给广大农民，进而提高他们的环保意识和技能。在实践过程中，宣传策略需要针对不同群体，如农民、农业企业、政府部门等进行制定，通过生动的案例、有趣的动画等形式，吸引各方关注农业环保问题，从而提高他们的环保意识；还要制定专业的农业环保知识和技术教程，涵盖有机农业、水土保持、农业废弃物处理等方面的内容，通过图文、视频等多种形式，让农民更容易理解和掌握环保知识和技术。

4. 发展绿色金融支持农业环保公益事业

发展绿色金融，如绿色信贷、绿色债券、绿色保险等，为农业环保项目提供资金支持，是支持数字经济时代农业环保公益项目开展的又一重要路径。

此处的绿色信贷是指金融机构为符合绿色环保要求的农业项目提供优惠贷款，降低农业环保项目的融资成本。同时，政府应设立绿色信贷风险补偿机制，降低金融机构的风险敞口，鼓励其支持农业环保项目。

此处的绿色债券是指政府和企业通过发行债券筹集资金，用于投资农业环保项目。绿色债券的发行需要满足环保要求，投资者可以通过购买绿色债券实现资本的绿色投资。

此处的绿色保险是指为农业环保项目提供风险保障的保险，有助于降低农业环保项目的风险，增加项目的投资吸引力。

（三）数字经济时代农业环保公益实践策略

1. 国家政策鼓励农业环保公益实践

2022 年，我国农业农村部和财政部联合发布了《农业资源及生态保护补助资金项目实施方案》。该方案主要涉及以下几个方面的内容。

一是支持耕地质量提升，包括加强耕地保护与质量提升、开展耕地深松、推进东北黑土地保护利用和保护性耕作，以及实施耕地轮作休耕试点等。

二是加强渔业资源养护，在重点水域开展渔业增殖放流，恢复水生生物资源。

三是实施第三轮草原生态保护补助奖励政策，对资金进行专账管理，分账核算，专款专用。

四是强化农业废弃物资源化利用，推进地膜科学使用回收，促进农作物秸秆综合利用并开展绿色种养循环农业试点。

这些政策措施旨在深化以绿色生态为导向的农业补贴制度改革，推进农业绿色发展体制机制创新，切实保护耕地、草原和水生生物等资源。

2. 产业收益反哺农业环保公益实践

生态环境导向的开发（eco-environment-oriented development, EOD）模式是一种创新型的项目组织实施方式，通过将生态环境治理项目与关联产业深度融合，实现生态环境治理带来的经济价值内部化。2020 年，中华人民共和国生态环境部、国家发展改革委、国家开发银行联合推动开展 EOD 模式试点工作，该工作涉及水生态环境保护、固废处理及资源综合利用、农业农村污染治理、生态保护修复、土壤污染防治等多个领域。

生态环境项目能够产生巨大的环境效益，但项目本身大多具有公益性质，投入资金较大，回报周期较长，收益率较低，融资困难。EOD 模式的推广有助于解决生态环境治理资金需求难题，原因是 EOD 模式通过将生态环境治理与产业开发相结合，可以将环境效益转化为经济收益，进一步推动项目的实施。

在合理搭配生态治理项目与关联产业方面，政府需要因地制宜，挖掘特色产业，探索差异化路径。治理项目应选择紧迫性强、生态环境效益高的项目；关联产业则应选择契合当地经济社会发展实际、生态环境关联度高、收益能力强的产业。在这一过程中，治理需求与关联产业之间应保持深度融合关系，努力实现成本、收益的平衡。

江苏省徐州市贾汪区潘安湖国家湿地公园的改造是 EOD 模式实施的典范。通过综合改造治理模式，江苏省徐州市贾汪区潘安湖国家湿地公园实现了从“一城煤灰半城土”到“一城青山半城湖”的转变。生态环境的改善带动了生态休闲农业与旅游业的发展，让政府、企业和百姓共享生态环境治理所产生的效益。截至 2023 年 4 月，生态环境部已向金融机构推送了两批共 118 个 EOD 项目入库，投资总额为 6 721.2 亿元，融资需求 4 520.4 亿元。很多省份积极开展省级 EOD 试点工作，建立省级 EOD 项目库。

不过，EOD 正循环效用需要放在更长的时间周期内进行评价。生态治理项目存在投资规模较大、生态环境效益及经济效益显现周期长的问题。每个地方的情况不同，EOD 项目的实施内容、生态环境治理与产业的组合方式也千差万别。例如，生态环境治理有的地方是河道治理，有的地方是良好水体保护；关联产业有的地方是生态旅游，有的地方则是生态农业。因此，实施 EOD 模式的关键在于因地制宜，挖掘特色产业，探索差异化路径。

第六章　创新赋能：乡村新业态与新模式发展路径

第一节　乡村智慧文旅发展与建设

乡村智慧文旅是指在充分挖掘乡村资源的基础上，利用数字经济时代的智慧技术和传统的文化元素，推动乡村旅游和文化产业的发展。乡村智慧文旅的目标是打造升级版的乡村旅游，提升乡村旅游的价值，改善当地居民的生活，促进当地经济发展。

一、乡村智慧文旅的发展背景

在乡村智慧文旅的发展中，政策支持、市场需求变化、科技进步和乡村资源丰富等起到了至关重要的作用。乡村智慧文旅是数字经济时代的产物，随着社会经济的不断发展和人们生活水平的提高，会有更加广阔的发展前景。

首先，我国多次强调乡村振兴战略，旨在促进乡村经济的发展和乡村文化的传承，乡村智慧文旅正是其中的一个重要组成部分。我国也出台了一系列的政策和措施，鼓励乡村智慧文旅的发展。

其次，随着城市人口的增加和消费观念的转变，越来越多的人开始追求“回归自然、寻找本真”的生活方式，乡村旅游和文化成为市场的热点和需求的焦点。

再次，随着互联网、物联网、大数据技术、人工智能等的不断发展和应用，乡村智慧文旅的发展条件得到了改善，智能化、数字化、绿色化成了乡村旅游和文化产业发展的新趋势。

最后，乡村拥有得天独厚的自然环境和丰富的人文资源，这在乡村智慧文旅的发展中得到了广泛的应用和开发。同时，乡村智慧文旅的发展可以保护乡村的自然环境和人文资源。

二、乡村智慧文旅的发展意义

（一）促进乡村经济发展

乡村智慧文旅可以通过打造高品质、高品位的旅游和文化体验活动，吸引更多游客和文化爱好者到乡村旅游和消费，以促进当地的经济发展。乡村经济的发展离不开旅游业的带动，而乡村智慧文旅以旅游业为核心，结合当地文化、历史、生态资源，开发乡村特色旅游产品，提供多样化的服务和体验，能够吸引更多游客和文化爱好者前来旅游。同时，乡村智慧文旅可以培育和扶持当地的文化创意产业，发展乡村文化产品，建设乡村特色小镇，推动乡村经济的多元化和创新发展。

（二）提升乡村的文化内涵

乡村智慧文旅可以充分挖掘乡村的历史文化和自然资源，通过科技手段和文化元素的融合，提升乡村的文化内涵，打造独具特色的乡村文化和旅游品牌。乡村智慧文旅的发展需要将传统文化、现代科技和自然环境相结合，形成具有时代感和地方特色的乡村文化和旅游产品。通过对文化创意产业的开发和推广，乡村可以提高知名度和美誉度，吸引更多的游客和文化爱好者前来旅游。

（三）改善乡村居民生活

乡村智慧文旅可以促进乡村经济的发展，提高就业率，增加居民的收入，改善居民的生活。乡村智慧文旅的发展需要挖掘当地文化和历史遗产，挖掘乡村旅游和文化产业的潜力，为当地居民提供更多的就业机会，让他们参与乡村建设。此外，乡村智慧文旅也可以提供高水平的生活服务和高质量的便民设施，提高乡村居民的生活品质。

（四）推动乡村振兴

乡村智慧文旅是乡村振兴战略的重要组成部分，可以推动乡村产业结构升级和转型升级，促进乡村经济的可持续发展。乡村智慧文旅需要整合当地资源，发挥旅游和文化产业的带动作用，促进乡村经济的结构优化和产业升级。乡村智慧文旅通过数字化、智能化、绿色化等方式，推进了乡村经济的转型升级，提高了乡村产业的竞争力和创新力，推动了乡村振兴。

三、数字经济赋能乡村智慧文旅建设路径

（一）整合资源，打造旅游和文化品牌

数字经济时代，乡村智慧文旅建设需要充分运用数字技术，整合乡村的自然资源、历史文化资源等多种资源，创造具有地方特色的乡村旅游和文化品牌。

1. 挖掘和整合资源

乡村智慧文旅建设应利用大数据技术、云计算等数字技术，深入挖掘乡村的自然资源、历史文化资源和人文资源，实现资源的有机融合。例如，整合当地的传统文化和特色民俗活动，打造具有线上线下互动的乡村文化旅游品牌；将当地的自然景观和特色产品相结合，借助数字平台推出具有地方特色的乡村旅游产品。

2. 开展文化活动和主题展览活动

乡村智慧文旅建设应开展文化活动和主题展览活动，提高乡村旅游的吸引力和影响力。例如，通过网络直播、虚拟现实等技术开展传统文化节庆活动、乡村文化主题展览活动，吸引更多游客和文化爱好者参与其中。

（二）科技和文化融合

乡村智慧文旅建设需要将科技元素和文化元素有机融合，进行创新性的研发和实践。乡村可以通过建设数字展馆、文化主题公园、互动体验馆等项目，创造具有智慧和文化特色的旅游和文化产品，增强乡村旅游的文化内涵。

1. 建设数字展馆

数字展馆是将数字技术应用到展馆中，通过多媒体技术、虚拟现实等技术展示乡村文化和旅游资源的一种手段，也是乡村智慧文旅建设的重要内容之一。数字展馆不仅可以提供更加多样化、生动形象的展示方式，还可以提高游客的互动参与度。比如，在数字展馆中，游客可以通过虚拟现实亲身体验历史事件，感受不同的乡村文化氛围。

2. 建设文化主题公园

文化主题公园是以特定主题为核心，结合当地的文化资源打造的公园。文化主题公园的建设应将当地的文化资源、历史资源、自然环境资源相融合，提供立体化、全面化的文化体验和旅游服务。比如，在文化主题公园中，游客可以通过观看和参与文艺活动等方式感受当地的文化氛围。

3. 建设互动体验馆

互动体验馆是以数字技术为基础，通过互动体验的方式，让人们体验当地文化的场所。在互动体验馆中，游客可以参与各种主题活动、体验不同文化场景，以加深对当地文化的认知。

（三）建设智慧乡村基础设施

乡村智慧文旅需要依托智慧基础设施，提升乡村的信息化和智能化水平。乡村可以建设智慧公共服务平台、智慧交通管理系统、智慧旅游导览系统等，为游客提供更加便捷、智能、绿色的服务，以提升乡村的整体形象和吸引力。

1. 建设智慧公共服务平台

智慧公共服务平台是一种基于互联网和大数据技术的公共服务平台，可以提供乡村旅游、文化、商业等多方面的信息和服务。智慧公共服务平台可以为游客提供更加全面、便捷的乡村旅游信息和服务，提升游客的满意度和体验感。

2. 建设智慧交通管理系统

智慧交通管理系统是一种基于互联网和物联网的交通管理系统，具有道路交通信息实时监控、智能路况预测等功能，能为游客提供更加便捷、高效的交通出行服务。

3. 建设智慧旅游导览系统

智慧旅游导览系统是一种基于移动互联网的旅游信息导览系统，可以为游客提供多语种、多媒体的导览服务，方便游客了解当地文化和旅游资源。

第二节 乡村公共服务数字化建设

一、乡村公共服务

乡村公共服务是指政府或社会组织为乡村居民提供的基本公共服务，是乡村建设的重要组成部分，对促进乡村发展、改善农民生活、提高农民的生活满意度具有重要意义。其包括但不限于以下几个方面。

（一）教育服务

教育是乡村发展的重要基础，也是提高农民素质的重要途径。乡村教育主要包括幼儿园教育、小学教育、初中教育、高中教育、职业教育等各级教育以及图书馆、文化活动中心等方面的文化教育。为了提高乡村教育水平，政府应加大对乡村教育的投入，扩大教育资源覆盖面，提高教育服务的质量。

（二）医疗卫生服务

乡村医疗卫生服务是农民群众的切身需求，也是乡村卫生事业的重要组成部分。乡村医疗卫生服务主要包括疾病预防、健康教育、家庭医生签约等卫生服务。政府应加大对乡村医疗卫生服务的资金投入，增加卫生服务机构，提高卫生服务人员的专业能力，加强疾病预防和健康宣传，提高乡村居民的身体素质。

（三）公共安全服务

乡村公共安全服务是乡村居民人身、财产安全的重要保障，也是乡村稳定的重要基础。乡村公共安全服务主要包括消防安全、交通安全等安全服务和应急救援、防灾减灾等服务。政府应加强对乡村公共安全服务的投入和管理，为乡村居民提供更加安全、稳定的生活环境。

（四）社会保障服务

乡村社会保障服务是农民基本生活和基本权益的重要保障，也是建设和谐社会的重要组成部分。乡村社会保障服务主要包括养老保险、医疗保险、失业保险、低保等社会保障服务，对残疾人、孤寡老人、失独家庭等特殊困难群体的救助和帮扶。政府应加强对乡村社会保障服务的投入和管理，扩大服务范围，提高服务水平，为乡村居民提供更加全面、优质的社会保障服务。

（五）环境卫生服务

乡村环境卫生服务是乡村环境卫生和乡村环境整治的重要保障，也是美丽乡村建设的重要组成部分。乡村环境卫生服务主要包括垃圾清理、污水处理等环境保护服务。政府应加强对乡村环境卫生服务的投入和管理，完善垃圾清理、污水处理等工作，整治提升乡村环境，促进农民生态意识的提高。

（六）基础设施服务

乡村基础设施服务是乡村建设和乡村发展的重要保障，也是乡村居民生产和生活的重要基础。乡村基础设施服务主要包括交通设施、水利设施、通信设施、供电设施等基础设施建设和维护服务。政府应加强对乡村基础设施服务的投入和管理，完善基础设施，为乡村居民提供更好的生产生活条件。

（七）文化娱乐服务

乡村文化娱乐服务是促进乡村文化发展和提高乡村居民文化素质的重要保障，也是乡村居民生活质量的重要提升点。乡村文化娱乐服务主要包括文化娱乐设施建设和维护服务。政府应加强对乡村文化娱乐服务的投入和管理，增加服务种类，提高服务水平，为乡村居民提供丰富多彩的文化娱乐活动。

二、数字经济赋能乡村公共服务数字化建设

（一）教育服务数字化

数字经济可以促进乡村教育的数字化建设，提高教育服务质量。例如，数字教室、网络课堂、在线教育平台等数字化教育平台可以为乡村学生提供多样化的教育内容和学习资源，让他们能够享受和城市学生一样的优质教育资源和服务。这对于促进教育公平、缩小城乡教育差距具有重要意义。数字技术还可以应用于学生评估、课程设计等方面，帮助教师提高教学质量。数字技术可以帮助教师更好地对学生进行评估，了解学生的学习情况和需求，制订更加个性化、有效的教学计划。数字技术也可以帮助教师设计更加创新、有趣的课程，提高教学的趣味性，激发学生的学习兴趣和积极性。

（二）医疗卫生服务数字化

随着数字技术的快速发展，乡村医疗卫生服务也正在经历数字化转型。数字经济可以促进乡村医疗卫生服务的数字化建设，提高服务质量。例如，数字化医疗服务平台可以将医疗服务与数字技术相结合，为乡村居民提供更加便捷、高效的医疗服务；通过数字化医疗服务平台，医生

可以通过网络为乡村居民提供在线诊断和治疗服务，解决医疗资源不足的问题。

首先，电子病历和电子处方是数字化医疗服务的重要组成部分，可以帮助医生更加全面和准确地了解患者病情，提高诊断的准确性。同时，电子病历和电子处方能够帮助患者查询和管理自己的病历和处方信息。

其次，数字技术可以应用于健康监测、疫情预警等方面，提高卫生服务机构的管理和应急响应能力。例如，通过数字化监测体征和病情，医生可以及时发现患者的病情变化并进行处理，提高治疗效果。

最后，医疗大数据和人工智能应用可以帮助医生更好地了解患者的病情和治疗情况，提高诊断的准确性和治疗效果。例如，通过分析医疗大数据，医生可以获取更准确的诊断和治疗建议，提高治疗的效果。

（三）公共安全服务数字化

数字经济的发展为乡村公共安全服务的数字化建设提供了新的机遇。数字化安防监控系统是其中的重要组成部分，可以通过摄像头、传感器等设备对乡村进行全天候监控；也可以通过人脸识别、车辆识别等技术，对人员和车辆进行精准识别和管理，提高监管效率和准确度。同时，数字化安防监控系统可以与应急救援平台相结合，实现对突发事件的实时响应和处理。

除了数字化安防监控系统，数字技术还可以应用于交通安全和防火管理方面。例如，数字化交通安全管理系统可以实现对道路交通的实时监管和预警，提高交通管理效率；数字化防火管理系统可以实现对火源的实时监测和预警，对火灾风险进行精准评估和防范。这些数字化工具可以帮助公共安全服务机构更加高效地开展工作，提高乡村公共安全服务水平。

（四）社会保障服务数字化

随着我国乡村社会保障体系的不断完善和数字经济的快速发展，数字经济在乡村社会保障服务方面的作用越来越显著。数字经济时代，数字技术在乡村社会保障服务中的应用不仅可以提高服务质量，还可以促进服务水平的提高和服务范围的扩大。社会保障服务数字化建设主要通过服务平台的建设来完成，如数字化社会保障服务平台、智慧养老服务平台等。

数字化社会保障服务平台可以为乡村居民提供便捷的社会保障服务，包括社会保险、医疗保障、住房公积金等方面，还可以提供在线申报、查询、支付等功能，方便乡村居民办理社会保障相关业务。数字化社会保障服务平台还可以为政府提供数据支持，方便政府监管和决策。

智慧养老服务平台能够为老年人提供全方位、个性化、定制化的养老服务，包括健康管理、康复服务、社交互动、心理疏导等方面。同时，智慧养老服务平台可以实现养老与家庭、社会的无缝对接，提高老年人的生活质量和幸福感。

数字化社会保障服务平台和智慧养老服务平台能够突破服务时间和空间的限制，实现对乡村居民的全方位服务。特别是对于一些交通不便、人口稀少的偏远地区，数字化社会保障服务平台和智慧养老服务平台的应用可以解决服务覆盖面不足的问题，为乡村居民提供更加全面、个性化的服务。

在数字化社会保障服务平台和智慧养老服务平台上，政府、企业、社会组织等多方应协同发力，实现服务的协同和整合。特别是在应急救援、扶贫资金管理等方面，数字技术可以实现快速响应和精准管理，提高各方服务的协同和配合能力。

（五）环境卫生服务数字化

随着数字经济的发展，数字技术的应用已经成为乡村环境卫生服务建设的主要手段之一。其可以促进乡村环境卫生服务的数字化建设，提高服务质量。

1. 数字化垃圾分类系统

随着城市化进程的推进，垃圾问题已经成为一个普遍存在的问题，尤其是在乡村，而数字技术的应用可以解决这一问题，如建设数字化垃圾分类系统。数字化垃圾分类系统可以利用智能识别技术，实现垃圾分类、回收和处理的自动化；数字化垃圾分类系统还可以实现对垃圾量、垃圾种类等数据的收集和分析，提供数据支持，为政府制定垃圾管理政策提供依据。

2. 环境监测平台

环境监测平台可以对环境数据进行实时监测、分析和传输，还可以通过数据的可视化呈现，为政府制定环境保护政策提供数据支持。

3. 污水处理系统

数字化污水处理系统可以通过数字技术，实现污水的智能处理和自动化排放。同时，数字化污水处理系统可以收集和分析污水量、污水种类等方面的数据，为政府制定污水处理政策提供数据依据。

（六）基础设施服务数字化

1. 数字化公路路况监测系统

公路建设和维护一直是乡村基础设施建设的重要内容，而数字化公路路况监测系统可以为乡村居民提供更加便捷、高效的公路交通服务。数字化公路路况监测系统可以通过数字技术，实现对公路交通状况的实时监测和分析，包括交通流量、道路状况等方面。同时，数字化公路路况监测系统可以为政府、企业和居民提供公路交通信息，方便居民的出行安排和企业的物流管理。

2. 智能水利系统

水利建设和管理是乡村基础设施建设的重要组成部分。智能水利系统可以通过数字技术，实现对水资源的监测、分析和管理，包括水质、水位、水量等方面。同时，智能水利系统可以实现对农田灌溉、水资源调配等方面的智能控制，提高水资源利用效率和保障农业生产。

3. 数字化基础设施规划设计与工程管理

数字技术不仅可以应用于现有基础设施的监测和管理，还可以应用于基础设施规划设计和工程管理等方面。数字化基础设施规划设计和工程管理可以通过数字技术，实现对基础设施建设过程的可视化、数字化和智能化。例如，3D 建模技术可以实现基础设施建设的全过程可视化；人工智能可以实现基础设施建设的智能调度和优化。

（七）文化娱乐服务数字化

1. 数字化文化展览

文化展览是传承和弘扬传统文化的重要途径，而数字化文化展览可以为乡村居民提供更加丰富、多样的文化娱乐服务。数字化文化展览可以利用数字技术，实现对文物、古籍等文化资产的数字化保存和展示。数字化文化展览还可以为文化爱好者提供在线参观和互动功能，实现“云展览”，方便乡村居民随时随地参观和学习。

2. 在线文化课程

在线文化课程可以为乡村居民提供高水平的文化学习服务。通过数字技术，乡村居民可以在线学习文化课程；在线文化课程可以实现乡村居民之间、乡村居民与授课者之间的在线交流和互动，进而提高乡村居民的学习效率。

3. 数字化演出平台

数字化演出平台是文化娱乐服务数字化建设的重要组成部分，其可以通过数字技术，实现演出节目的在线直播和点播，还具有在线票务预订和付款功能，便于乡村居民购买演出门票。此外，数字化演出平台还可以实现在线弹幕互动和社交分享，让乡村居民与其他观众、演员进行互动和交流。

第三节　乡村新零售模式应用实践

一、新零售模式的内涵

随着互联网的快速发展，零售业的格局发生了翻天覆地的变化。在这个背景下，新零售模式应运而生。新零售模式是一种以数字技术为支撑的零售模式，旨在将线上和线下零售渠道相整合，为消费者提供更好的购物体验，提高企业的经营效率。它不仅仅是传统零售业的升级版，更是一场全新的商业革命。

新零售模式的内涵可以从以下三个方面来解释。

第一，线上和线下融合。新零售模式将线上和线下融为一体，实现了“无缝连接”。消费者可以通过线上渠道进行选购、支付等操作，也可以通过线下渠道获得更直观的商品展示、更优质的服务体验。这种融合不仅提高了消费者的购物便利度和体验感，还拓展了商家的销售渠道，增加了销售额。

第二，数据驱动。在新零售模式下，各个环节都可以通过数据的收集、整合和分析，实现精细化的运营管理。商家可以根据消费者的消费记录和行为特征，推出更贴合消费者需求的商品和服务。同时，通过对各类数据的综合分析，商家可以更好地掌握市场趋势和消费者需求，从而制定精准的营销策略。

第三，智能化升级。新零售模式下，智能化成了零售业发展的重要方向。商家可以利用大数据技术、人工智能等新兴技术，实现智能化的商品推荐、客户服务、库存管理、物流配送等环节。同时，商家可以通过数字技术，降低运营成本，提高整体运营效率。

二、数字经济赋能新零售模式在乡村产业中的应用

数字经济的发展给新零售模式在乡村产业中的应用带来了更大的可能性和更多的机遇。

首先，数字技术为新零售模式在乡村产业中的应用提供了丰富的应用场景。物联网技术可以将传统的乡村生产、加工、销售过程进行智能化、自动化管理，提高生产效率和产品质量。例如，智慧农业技术可以实现对土壤、气候、光照等生态环境的实时监测和管理，提高农作物的产量和品质。同时，数字技术为新零售模式中的物流、支付等提供了支持。例如，企业可以利用无人机等新技术进行物流配送，为乡村的商品提供更加高效、便捷的配送服务；消费者可以利用移动支付、电子支付等数字支付方式进行交易，从而获得更加便捷、安全、快捷的支付渠道。

其次，数字技术为新零售模式在乡村产业中的营销、推广和服务提供了新的方式和手段。企业利用数字技术，通过社交媒体、电商平台等渠道进行线上宣传和销售，能够打破传统的地域限制，让更多的消费者了解和购买本企业产品。同时，数字化技术的应用为乡村产业提供了更加精细化、个性化的服务。例如，通过大数据技术，企业可以了解消费者的需求和购买偏好，为其提供更加符合其需求的服务。

最后，数字技术为新零售模式在乡村产业中的可持续发展提供了新的机遇。数字技术的应用可以提高农业生产效率，减少资源消耗；也可以对环境进行监测和保护，促进乡村产业可持续发展。

三、乡村新零售模式的应用路径

（一）数据分析与智能化营销

数据分析和智能化营销是实施新零售模式的关键。在乡村产业中，数据分析和智能化营销可以通过以下途径实现。

1. 建立消费者档案

建立消费者档案是数据分析和智能化营销的基础。通过收集消费者的消费记录、购买偏好等数据，企业可以建立完整的消费者档案，更好地了解消费者的需求和行为。例如，在农产品销售中，企业可以通过电商平台收集消费者的购买记录、偏好和评价等信息，了解市场需求和变化。

2. 数据挖掘和分析

通过数据挖掘和分析，企业可以更好地了解消费者的需求和市场趋势。企业可以利用数据挖掘和分析工具，如数据挖掘软件、数据仓库等，对消费者的购买习惯和偏好方面的数据进行深入分析，了解市场需求和变化，以进行产品创新。

3. 智能化营销

智能化营销可以提高乡村企业的营销效率和市场竞争力。智能化营销是指利用互联网技术和人工智能算法，精准定位目标消费者群体，实现个性化营销。乡村企业可以根据消费者的年龄、性别、职业等特征，为其提供不同的产品和服务，从而满足其不同的消费需求。

（二）产品创新和升级

在新零售模式的指导下，乡村企业可以通过以下途径实现产品创新和升级。

1. 提供个性化服务

通过了解消费者的需求和行为，为其提供个性化服务，是产品创新和升级的重要途径。例如，乡村旅游企业可以根据游客的偏好和需求，提供不同的旅游线路和服务，如文化旅游、农业体验等，从而提高游客的体验感；农产品企业可以根据消费者的口味偏好和购买力，推出不同种类和不同等级的产品，如高端农产品、有机农产品等，满足不同消费者的需求。

2. 提高产品质量

提高产品的质量是产品创新和升级的重要途径之一。在新零售模式下，乡村企业可以采用先进的技术和材料，如生物技术、有机肥料等，提高农产品的品质和产量。

3. 增加产品品类

在新零售模式下，乡村企业可以通过增加产品品类，满足消费者的不同需求。例如，在农产品产业发展中，企业可以增加生鲜食品、加工食品、休闲食品等产品品类，从而提高销售额和利润；在乡村旅游产业发展中，企业可以提供文化旅游、自然旅游、农业体验等不同类型的旅游产品，从而满足游客的不同需求。

（三）店铺运营方式的升级

在新零售模式下，乡村企业可以通过线上线下一体化的方式升级店铺运营方式，可以通过线上平台实现更多种类的产品销售，提高销售额；也可以通过线下实体店提供更好的购物体验，吸引消费者前来购买。

1. 开展线上销售

随着互联网的普及和电商平台的发展，线上销售已经成为一种非常重要的销售方式。例如，农产品企业可以通过电商平台、社交媒体等线上平台销售农产品，提高农产品的知名度和认可度。

在开展线上销售时，选择合适的平台非常重要，企业应该根据自己的产品特点和消费者的需求选择合适的销售平台，同时通过数据分析和智能化营销，精准定位目标消费者群体，实现个性化营销，提高销售转化率。

2. 建立线下实体店

建立线下实体店需要注意以下几点。

一是选址。选址是非常重要的一步，应该选择交通便利、人流量大、环境优美的地方建立线下实体店。

二是服务质量。线下实体店应该注重员工培训，提升服务质量，从而为消费者提供更好的购物体验。

三是营销活动。线下实体店应该开展各种各样的营销活动，如促销活动、会员制度等，提高消费者的购买欲望。

3. 实现线上线下一体化

线上线下一体化是线上平台和线下实体店相结合的一种购物模式。线上线下一体化的方式有以下几种。

（1）“线上看、线下买”。企业通过线上平台展示产品，提供产品信息和购买指南，吸引消费者在线上了解产品，在线下实体店购买产品。

（2）“线下看、线上买”。企业通过线下实体店展示产品，提供购物体验和服务，吸引消费者在线下了解产品，在线上平台购买产品。

（3）“线上线下互动”。企业通过线上平台和线下实体店的互动，提供优惠活动、礼品赠送等服务，为消费者提供更好的购物体验。

第七章　结论与展望

第一节　结论

首先，本书通过深入探讨数字经济与乡村产业创新发展之间的关系，为促进乡村振兴提供了新的思路和路径。数字经济作为一种重要的经济发展模式，在帮助乡村产业提高生产效率、优化供应链、推动品牌化和差异化、促进产业融合等方面发挥着重要作用。特别是在产业振兴方面，数字经济为农业产业结构调整和新型乡村经济发展提供了新思路。

其次，本书探讨了数字经济全面赋能乡村产业创新发展的作用机制，并提供了多个案例，为乡村产业创新发展提供了支持和保障。例如，乡村产业园规划和建设可以促进乡村产业升级和创新，数字金融可以为乡村产业提供融资和支付结算服务，数字技术可以降低乡村产业的成本和提高乡村产业的效率，数字平台可以拓宽乡村产业的服务渠道，数字人才可以提升乡村产业的数字化转型能力。

最后，本书探讨了农业全产业链数字化发展路径、农业跨产业融合发展路径，以及乡村新业态与新模式发展路径，为乡村产业的创新发展提供了具体思路和方法。

总的来说，数字经济的发展对乡村振兴具有重要的推动作用，各方需要进一步加强数字基础设施建设和数字人才培养，以实现数字经济和乡村产业的深度融合，推动乡村振兴。

通过本书的学习，读者可以更好地理解数字经济与乡村产业的深度融合，并掌握相关的策略，为乡村振兴做出贡献。

第二节 展望

一、注重产业的品牌化和差异化

随着数字经济的发展，乡村产业正在逐步实现数字化、智能化、绿色化和品牌化，乡村产业振兴也成为乡村振兴的重中之重。在未来的乡村产业振兴中，注重产业的品牌化和差异化是非常重要的。

一方面，产业品牌化可以提高农产品的品质和附加值。乡村的生产方式和技术相对落后，导致农产品的品质和附加值较低。产业品牌的建设可以帮助乡村居民优化农产品加工技术，进而提高农产品的品质和附加值，创造更大的利润空间。此外，产业品牌建设还可以提高农产品的知名度和美誉度，扩大农产品的市场份额，进一步增加农民的收入。

另一方面，产业差异化是推动乡村产业发展的重要方式。在乡村，同质化竞争是一个普遍存在的问题。如果所有乡村居民都种植同样的农作物、生产同样的产品，市场上就会出现激烈的竞争，乡村居民的利润也会受损。因此，差异化经营是非常重要的。差异化经营可以避免同质化竞争，提高产品的市场竞争力。在实践中，差异化经营可以通过选择不同的农作物品种、生产技术、加工方式、销售渠道等方式来实现。

随着消费升级和品质需求的不断提高，品牌化和差异化的重要性在未来会越来越突出。因此，乡村在未来应更加注重产业的品牌化和差异化。这既需要乡村企业不断提高产品的品质和附加值，又需要政府的支持，包括政策扶持、技术支持等。

数字经济的发展为乡村产业品牌化和差异化提供了新的机遇和支撑。数字经济为乡村产业发展提供了更多的信息和渠道，可以帮助企业了解市场需求和消费者喜好，更好地调整生产方向和生产方式，提高产品的品质和附加值。

二、注重产业的数字化转型

随着数字经济的飞速发展，数字化转型已经成为推动产业升级和提升经济效益的重要途径。在乡村产业振兴中，数字化转型同样具有重要的意义。数字技术可以帮助乡村农业实现从传统农业向数字农业的转变，从而提高生产效率，减少资源浪费，提升产品质量，降低生产成本，为农民增加收入。

数字化转型的核心是数字技术的应用。通过云计算、物联网技术、大数据技术等的应用，乡村企业可以实现生产流程中信息的共享和资源的整合，实现生产过程信息化、自动化和智能化。例如，在种植方面，乡村企业通过物联网技术可以实现对种植区域内气候和土壤的实时监测和数据收集，对气候和土地状况进行分析和预测，从而优化农作物的种植和管理；在农产品销售方面，数字技术可以帮助乡村企业实现对销售网络的建设和市场的快速响应，对销售数据进行实时跟踪和分析，提高销售效率和市场占有率。

数字技术的应用还可以促进乡村产业的供应链优化。数字技术的应用可以实现农产品从种植、生产到销售的全过程信息化管理，加强供应链的透明度和可追溯性，提高消费者对产品的信任度。

数字技术的应用还可以促进产业融合和乡村产业升级。数字技术的应用不仅可以促进农业与制造业、服务业、旅游业等产业的融合，还可以促进乡村产业的数字化转型。例如，在数字技术的支持下，乡村旅游企业可以更好地结合当地的文化和生态资源，打造更具特色的旅游产品和服务，提高乡村旅游的吸引力。

三、注重创新创业和复合型人才培养

随着乡村振兴战略的全面推进，乡村产业振兴已经成为推动乡村经济发展的重中之重。未来，乡村产业振兴将更加注重创新创业和人才培养，这是推动乡村产业升级的重要手段。

一方面，未来的乡村产业将更加注重创新创业。创新创业是推动乡村产业发展的重要方式。未来，政府需要大力鼓励和支持乡村居民走上创新创业的道路，发掘和培育更多的创新型企业和创业团队。同时，政府需要加强创新创业教育和培训，提高乡村居民的创新意识和创业能力，为乡村产业的持续发展注入新的活力。

另一方面，未来的乡村产业将更加注重数字化、智能化、绿色化等方面的人才培养。这些人才的培养对乡村产业振兴至关重要。因此，政府需要加强乡村人才的培养和引进，为乡村产业的数字化、智能化、绿色化发展提供强有力的支持。

四、注重多元化的产业发展

乡村经济的发展不应该局限于传统农业产业，也需要拓展更多的产业，如乡村旅游、文化创意等产业，这些产业不仅可以带动乡村的经济发展，也能提升乡村的形象。

（一）乡村旅游

随着城市化进程的加速和人们生活水平的提高，越来越多的人选择到乡村旅游。乡村旅游不仅可以丰富人们的生活方式和文化体验，还可以带动当地经济的发展，增加乡村居民的收入。未来，乡村旅游将成为乡村产业发展的重要支柱之一。

在乡村旅游方面，政府需要加强对旅游资源的保护和利用，推动旅游业与其他产业的融合和协同发展，打造具有地方特色的旅游品牌。例如，政府可以通过规划和设计乡村旅游线路，打造特色景点和主题活动，提升乡村旅游的品质和吸引力。同时，政府需要加强基础设施建设，完善餐饮、住宿等配套设施，为乡村旅游的发展提供有力的保障。

（二）文化创意产业

随着人们对文化消费需求的增加，文化创意产业成了当下经济发展的重要领域。在乡村产业振兴中，文化创意产业可与当地文化、传统产业相结合，推动文化的传承和发展，带动乡村经济的转型和升级。

在文化创意产业方面，政府需要加强对文化资源的挖掘和保护，培育具有地方特色的文化品牌，打造文化旅游和文化产品等多元化的文化消费市场。例如，政府可以通过鼓励乡村居民设计和制作传统手工艺品、文化衍生品等产品，推动当地文化产业的发展，增加乡村居民收入。

五、注重农民素质的提高

乡村产业的发展需要乡村居民的支持，高素质的乡村居民是实现乡村产业振兴的重要保障。因此，政府需要通过教育、培训等方式提高乡村居民的素质，增强他们的创新创业意识和能力，激发他们的积极性和创造力。

第一，加强对乡村居民的知识传授和技能培训，提高他们的素质和技能。政府可以通过开展技术培训、职业教育等方式，帮助乡村居民掌握更多的专业知识和技能，提高他们的生产能力和管理水平。例如，政府可以开展农业种植技术培训、农产品质量安全培训、现代农业生产管理培训等活动，帮助乡村居民更好地了解农业发展趋势，掌握现代农业生产技术，提高农产品质量和产量。

第二，加强对乡村居民的创新创业教育和培训，增强他们的创新创业意识和能力。政府可以通过开展创新创业教育和培训，帮助乡村居民了解创新创业的基本知识和方法，提升创新创业能力。例如，政府可以通过资金投入支持乡村开设创业计划书编写、市场营销策划、商业模式设计等课程，帮助乡村居民掌握创业所需的知识和技能，激发他们的创业热情。

第三，加强对乡村居民的思想教育，提高他们的社会责任感。政府可以通过开展思想教育，帮助乡村居民形成正确的思想观念，培养他们的社会责任感。例如，政府可以开展社会公益、法律法规等方面的教育活动，帮助乡村居民了解国家政策和法律法规，提高他们的法律意识和社会责任感。

参考文献

[1] 单强 . 普惠金融与乡村振兴 [M]. 北京：中国金融出版社，2019.
[2] 袁建伟，曾红，蔡彦，等 . 乡村振兴战略下的产业发展与机制创新研究 [M]. 杭州：浙江工商大学出版社，2020.
[3] 巢洋，范凯业，王悦 . 乡村振兴战略：重构新农业 [M]. 北京：中国经济出版社，2019.
[4] 唐小凤 . 实施乡村振兴战略背景下的中国农村经济发展研究 [M]. 北京：中国原子能出版社，2020.
[5] 丁道师 . 探访乡村振兴: 数字经济进行时 [M]. 北京: 研究出版社，2023.
[6] 熊丹妮 . 乡村振兴背景下现代都市农业创新发展研究：以华中地区武汉市为例 [D]. 郑州：河南农业大学，2022.
[7] 蒋泽坤 . 数字经济对乡村振兴影响研究 [D]. 石家庄：河北地质大学，2022.
[8] 陈伯晴 . 乡村旅游助推乡村振兴的敦化市小山村案例剖析 [D]. 长春：吉林农业大学，2022.
[9] 王勤 . 重庆市乡村产业振兴研究 [D]. 长春：吉林农业大学，2022.
[10] 连会斌，谭广兴，徐潇涵 . 农村职业教育赋能乡村振兴：政策梳理、学理逻辑及实践路径 [J]. 成人教育，2022，42（12）：73–79.
[11] 罗驰 . 实施乡村振兴战略与新型农业发展：评《乡村振兴模式创新与实操》[J]. 中国农业气象，2022，43（12）：1036.
[12] 杨永恒，杨楠 . 文化助力乡村振兴的难点及路径 [J]. 行政管理改革，2022（11）：44–51.
[13] 范建华，邓子璇 . 数字文化产业赋能乡村振兴的复合语境、实践逻辑与优化理路 [J]. 山东大学学报（哲学社会科学版），2023（1）：67–79.

[14] 杨小冬.文旅融合赋能乡村振兴的机制与路径[J].人民论坛，2022（24）：81-83.
[15] 原忠.农村产业融合与乡村振兴战略关联性研究[J].农业经济，2022（5）：93-95.
[16] 李青芮.乡村振兴背景下数字农业的发展策略[J].农业经济，2022（10）：17-18.
[17] 宫中怡，姜克银.农村电商助力乡村振兴发展研究[J].农业经济，2022（11）：131-134.
[18] 张绘.创新多元化投入方式全面推进乡村振兴[J].财会月刊，2022（22）：143-147.
[19] 樊华，赵翠薇，陆清平，等.重点帮扶地区接续推进乡村振兴路径研究：以乌蒙山区为例[J].湖南师范大学自然科学学报，2023（2）：103-112.
[20] 刘迪，陈海，马羽赫，等.乡村振兴视角下农户生态系统服务依赖度及多层次影响因素[J].生态学报，2023，43（8）：3079-3089.
[21] 郑永君，李春雨，刘海颖.旅游驱动的三产融合型乡村振兴模式研究：基于共享发展理论视角的案例分析[J].农业经济问题，2023（6）：97-110.
[22] 李志，谢梦华.人力资源服务助推乡村振兴发展研究：基于实现共同富裕目标视角[J].重庆大学学报（社会科学版），2023，29（2）：286-298.
[23] 云锋.党组织参与公司治理对企业助力乡村振兴的影响：基于A股上市公司的经验证据[J].南方金融，2023（2）：3-20.
[24] 马海寿，白晓荣，裴军鹏.乡村振兴背景下特色小镇可持续发展研究：以青海“袁家村”小镇为例[J].青海民族大学学报（社

会科学版），2022，48（4）：57-63.

[25] 姚凤阁，王兆勋．财政金融协同支持乡村振兴研究［J］．理论探讨，2022（6）：167-172.

[26] 陈梓楠．农村电商与乡村振兴的相互作用分析［J］．中国农业资源与区划，2022，43（10）：40，50.

[27] 马丽，杨艳梅．农民数字素养赋能乡村振兴的理论机制与路径研究［J］．农业经济与管理，2022（6）：46-54.

[28] 胡钰，赵平广．文化、人才、资本：乡村振兴的基本要素研究［J］．行政管理改革，2022（11）：34-43.

[29] 于鸿君．乡村振兴的战略选择［J］．北京大学学报（哲学社会科学版），2022，59（6）：38-45.

[30] 侯怀银，原左晔．乡村振兴呼唤乡村教育学［J］．华东师范大学学报（教育科学版），2022，40（12）：50-62.

[31] 王丹竹．乡村振兴与农业现代化治理融合发展问题研究［J］．农业经济，2022（12）：17-18.

[32] 胡俊生，王彦岩．新时代乡村振兴战略的内在逻辑研究［J］．农业经济，2022（12）：29-30.

[33] 陆嵬喆．乡村振兴背景下的农村特色小镇创新发展路径研究［J］．农业经济，2022（12）：35-36.

[34] 雒亚男．全面推进乡村振兴的五个着力点［J］．人民论坛，2022（21）：62-64.

[35] 尚子娟，陈怀平．农村公共文化服务与乡村振兴双向赋能的价值逻辑和推进路径［J］．中州学刊，2022（11）：81-89.

[36] 王建平．乡村振兴背景下旅游上市企业投资与经济后果分析［J］．财会通讯，2023（1）：70-74.

[37] 张宜，刘芸．扶贫小额信贷与乡村振兴战略衔接的维度与对策［J］.

财会通讯，2023（4）：129–137.

[38] 宋亚培 . 金融供给创新改革支持乡村振兴战略的路径 [J]. 财会通讯，2023（4）：138–144.

[39] 王敏，谷羽，李兆伟 . 数字普惠金融与乡村振兴：理论逻辑与实证检验 [J]. 西北大学学报（哲学社会科学版），2023，53（1）：56–71.

[40] 孙玉栋，王宣桦 . 数字普惠金融赋能乡村振兴的实践价值、现实挑战与政策因应 [J]. 北京行政学院学报，2023（1）：112–120.

[41] 曾麟朝，马丹丹 . 直播电商支持乡村振兴的机理与策略：以经济视角研究 [J]. 商业经济研究，2023（2）：95–98.

[42] 王梦芝，周平 . 流通产业升级与乡村振兴的耦合协调关系研究 [J]. 商业经济研究，2023（3）：31–34.

[43] 唐任伍，叶天希，孟娜 . 供销合作社助力乡村振兴的历史演变、内在逻辑与实现路径 [J]. 中国流通经济，2023，37（1）：3–11.

[44] 刘晓燕，赵楷 . 数字经济对乡村振兴高质量发展推动作用研究 [J]. 农业经济，2023（1）：42–44.

[45] 吴儒练 . 中国旅游效率与乡村振兴耦合协调测度及时空演化 [J]. 地理与地理信息科学，2023，39（1）：111–119.

[46] 唐健雄，李奥莎，刘雨婧 . 旅游城镇化驱动乡村振兴的影响效应研究 [J]. 华中农业大学学报（社会科学版），2023（1）：174–185.

[47] 王青，曾伏 . 中国乡村振兴水平的区域差异及收敛性研究 [J]. 贵州财经大学学报，2023（1）：99–110.

[48] 吴海燕，周倩，祁瑞雄 . 乡村振兴背景下农业转型发展的实现条件与政策供给 [J]. 农业经济，2023（1）：11–13.

[49] 李伟，刘杨，兰彦堃，等 . 乡村振兴战略与脱贫攻坚战略有机衔

接的目标、难点与策略：基于黑龙江实证分析 [J]. 农业经济，2023（1）：71–74.

[50] 王亚华 . 推进乡村振兴与建设农业强国 [J]. 求索，2023（1）：113–119.

[51] 王建达，马腾 . 乡村振兴背景下户外休闲产业发展基础、价值及路径 [J]. 体育文化导刊，2023（1）：90–97.

[52] 牟昱凝，黄涛珍 . 乡村振兴中的公共价值需求及实现路径 [J]. 学习与实践，2023（1）：77–83.

[53] 贺雪峰，郑晓园 . 乡村振兴战略与明星村经验 [J]. 贵州社会科学，2022（12）：138–144.

[54] 黄承伟 . 新时代乡村振兴战略的全面推进 [J]. 人民论坛，2022（24）：44–49.

[55] 宋丽婷，白永秀 . 乡村振兴水平评价指标体系构建与区域差异分解 [J]. 统计与决策，2022，38（24）：17–21.

[56] 李树，王胤琦 . 乡村振兴中数字媒介技术实践价值与路径 [J]. 中国出版，2022（24）：33–37.

[57] 田龙过，李想 . 乡村振兴题材电影的美学特征与呈现 [J]. 电影文学，2022（23）：70–73.

[58] 徐金海 . 教育振兴乡村：逻辑起点与实践路径 [J]. 人民教育，2022（10）：39–42.

[59] 周颖，王姣 . 数字普惠金融服务乡村振兴的挑战与功能深化 [J]. 农业经济，2022（11）：122–124.

[60] 朱琳，曾春华 . 基于乡村振兴视角的现代化农民健康服务体系构建 [J]. 长白学刊，2022（6）：131–138.

[61] 杨勇波，王愿先 . 十八洞苗绣展乡村振兴新景 [J]. 文艺理论与批评，2022（6）：207.

[62] 董育红，梁家胜．乡村振兴、代际变迁及消费升级的内在联动逻辑研究 [J]. 商业经济研究，2021（17）：52–55.
[63] 赵德起，丁义文．数字化推动乡村振兴的机制、路径与对策 [J]. 湖南科技大学学报（社会科学版），2021，24（6）：112–120.
[64] 何雷华，王凤，王长明．数字经济如何驱动中国乡村振兴？[J]. 经济问题探索，2022（4）：1–18.
[65] 高凡．基于乡村文化复兴的旅游经济发展与乡村振兴途径 [J]. 农业经济，2021（9）：52–53.
[66] 胡惠林．乡村文化治理：乡村振兴中的治理文明变革 [J]. 福建论坛（人文社会科学版），2021（10）：62–75.
[67] 李杰义，胡静澜，马子涵．数字乡村建设赋能乡村振兴：理论机制、实践路径与政策启示 [J]. 西南金融，2022（11）：84–95.
[68] 赵星宇，王贵斌，杨鹏．乡村振兴战略背景下的数字乡村建设 [J]. 西北农林科技大学学报（社会科学版），2022，22（6）：52–58.
[69] 吕臣，王慧，李乐军，等．数字文旅融合助力乡村振兴实现逻辑、路径与对策 [J]. 商业经济研究，2022（23）：137–140.
[70] 高宏存．文创赋能乡村振兴的理念革新与思路突破 [J]. 行政管理改革，2022（11）：23–33.
[71] 牛艺飞．乡村振兴的实践功能及法治保障：以乡村旅游为视角 [J]. 社会科学家，2022（9）：56–60，74.
[72] 尤影．乡村振兴背景下农村电商人才培养体系构建 [J]. 人才资源开发，2022（23）：73–76.